HILFE!

Horst Biallo

ICH ERBE

Alles über Erben, Vererben, Steuern und Nachlass

AF833349

FBV

Bibliografische Information der Deutschen Nationalbibliothek

Die Deutsche Nationalbibliothek verzeichnet diese Publikation in der Deutschen Nationalbibliografie. Detaillierte bibliografische Daten sind im Internet über **http://dnb.d-nb.de** abrufbar.

Für Fragen und Anregungen:
info@finanzbuchverlag.de

1. Auflage 2017

© 2017 by FinanzBuch Verlag,
ein Imprint der Münchner Verlagsgruppe GmbH
Nymphenburger Straße 86
D-80636 München
Tel.: 089 651285-0
Fax: 089 652096

Alle Rechte, insbesondere das Recht der Vervielfältigung und Verbreitung sowie der Übersetzung, vorbehalten. Kein Teil des Werkes darf in irgendeiner Form (durch Fotokopie, Mikrofilm oder ein anderes Verfahren) ohne schriftliche Genehmigung des Verlages reproduziert oder unter Verwendung elektronischer Systeme gespeichert, verarbeitet, vervielfältigt oder verbreitet werden.

Die im Buch veröffentlichten Ratschläge wurden von Verfasser und Verlag sorgfältig erarbeitet und geprüft. Eine Garantie kann dennoch nicht übernommen werden. Ebenso ist die Haftung des Verfassers beziehungsweise des Verlages und seiner Beauftragten für Personen-, Sach-, und Vermögensschäden ausgeschlossen.

Redaktion: Judith Engst
Korrektorat: Hella Neukötter
Umschlaggestaltung: Melanie Melzer, München
Umschlagabbildung: istockphoto/AmbientIdeas
Satz: inpunkt[w]o, Haiger (www.inpunktwo.de)
Druck: Konrad Triltsch GmbH, Ochsenfurt
Printed in Germany

ISBN Print 978-3-89879-905-8
ISBN E-Book (PDF) 978-3-86248-720-2
ISBN E-Book (EPUB, Mobi) 978-3-86248-721-9

Weitere Informationen zum Verlag finden Sie unter

www.finanzbuchverlag.de

Beachten Sie auch unsere weiteren Verlage unter www.m-vg.de

Inhalt

Einleitung

Kein Krieg, keine Hyperinflation, keine größeren politischen und wirtschaftlichen Unruhen – die deutsche und österreichische Nachkriegsgeneration konnte im Gegensatz zu ihren Vorfahren über Jahrzehnte hinweg größere Werte aufbauen. Viele Eltern und Großeltern haben für ihre Kinder und Enkel beachtliche Summen zusammengespart, in vielen Fällen gehören sogar entschuldete Eigentumswohnungen und Häuser zum Vermögen. All dies wird in den nächsten Jahren an die nachfolgende Generation vererbt. Pro Jahr gehen schon heute allein in Deutschland weit über 200 Milliarden Euro an die Erben über. Diese Summe wird sich bis zum Jahr 2024 auf über drei Billionen Euro, also sage und schreibe dreitausend Milliarden Euro, summieren.

Doch längst nicht jede Erbschaft macht glücklich. Entstehen zum Beispiel Erbengemeinschaften, ist der Streit oft programmiert – was gewiss nicht im Sinne des Erblassers lag. Manche Zerwürfnisse aufgrund einer Erbschaft sind ein Leben lang nicht mehr zu kitten. Der Riss geht quer durch Familien. Oder aber der Erbe wird wegen einer steuerlich ungünstigen Regelung vom Finanzamt zur Kasse gebeten. Mitunter gehört auch eine Ferienimmobilie im europäischen Ausland zur Erbmasse. Welches Recht gilt dann bei der Übertragung dieser Immobilie? Das deutsche Erbrecht oder jenes in dem Staat, wo sich das

Objekt befindet? Was tun, wenn man plötzlich feststellt, dass der Vater oder Großvater Schwarzgeld hinterlassen hat?

Diese und zahlreiche andere Fragen werden in dem vorliegenden Ratgeber praxisnah beantwortet. Das Büchlein wendet sich zwar in erster Linie an (potenzielle) Erben. Wenn aber der Erblasser durch ein entsprechendes Testament oder einen Erbvertrag rechtzeitig die Weichen richtig stellt, können Streit und unnötige Steuern vermieden werden. Daher enthält dieser Ratgeber auch eine Reihe wichtiger Tipps für Erblasser, die der künftige Erbe vielleicht bei passender Gelegenheit mit dem Erblasser besprechen sollte. Denn auch der dürfte daran interessiert sein, dass seine Hinterlassenschaft konfliktfrei und mit einer möglichst geringen oder gar keinen steuerlichen Belastung an die nachfolgende Generation übergeht.

Juristen wissen: Neben dem Steuerrecht ist das Erbschaftsrecht am kompliziertesten und birgt am meisten Brisanz. Werden große Vermögen vererbt (zum Beispiel Unternehmen oder Unternehmensanteile), erscheint der Gang zu einem versierten Fachanwalt oder Notar unverzichtbar. Dennoch erhalten Sie mit diesem Ratgeber wichtiges und unverzichtbares Basiswissen, mit dessen Hilfe Sie im Erbfall genau wissen, was zu tun ist, wie Sie Konflikte vermeiden und innerhalb der Familie eine Regelung finden, die auch im Interesse des Erblassers gewesen wäre.

Ich wünsche Ihnen eine aufschlussreiche Lektüre.

Ihr
Horst Biallo

PS: Bitte beachten Sie, dass sich die gesetzlichen Rahmenbedingungen für Erbschaften und für die Erbschaft- bzw. Schenkungsteuer jederzeit ändern können. Das vorliegende Buch beruht auf dem Rechtsstand April 2017.

1. Wichtiges Basiswissen für Erblasser und Erben

Unangenehme Überraschungen und Streit vermeiden

Dieses Buch richtet sich in erster Linie an Erben. Im ersten Kapitel möchte ich Ihnen jedoch wichtiges Basiswissen vermitteln, das sowohl für Erblasser als auch für spätere Erben wichtig erscheint. Ab dem zweiten Kapitel gehe ich dann auf die besondere Situation der Erben sowie deren Rechte und Pflichten ein.

Ihr Erbe hatte sich Ilka S. ganz anders vorgestellt. Als einige Jahre nach ihrer Mutter auch ihr Stiefvater starb, ging die (Stief-) Tochter davon aus, das seinerzeit von ihrer Mutter erworbene Haus zu erben. Mutter und Stiefvater hatten vor vielen Jahren ein sogenanntes Berliner Testament geschlossen. Dabei handelt es sich um ein gemeinschaftliches Testament von Ehe- oder Lebenspartnern, mit dem sie sich gegenseitig als Alleinerben einsetzen. So auch im vorliegenden Fall. Als die Mutter von Ilka S. starb, erbte ihr Stiefvater den größten Teil der Hinterlassenschaft, einschließlich der Immobilie. Die Tochter bekam lediglich ihren Pflichtteil. Später erkrankte auch ihr Stiefvater und bedurfte einer ständigen Pflege. Von einer Sozialeinrichtung wurde ihm eine entsprechende Pflegekraft vermittelt, die bald darauf auch anbot, ihr Mann und ihr Sohn könnten sich um das Haus und den Garten des Kranken kümmern. Ilkas Stiefvater nahm dieses Angebot dankend an – und war offenkundig so zufrieden, dass er das hilfreiche Trio reich entlohnte. Schließlich verkaufte er sogar seine Immobilie und machte vor allem seiner Pflegerin teure Geschenke. Die sonderbare Großzügigkeit kannte offenkundig keine Grenzen. Die Pflegerin und ihre Familie sahnten von dem kranken Mann insgesamt eine sechsstellige Summe ab. Als er später starb, erbte Ilka S. gerade noch 5.000 Euro. Den großen Rest dessen, was er von seiner Frau geerbt hatte, war nicht mehr da. Einfach verschenkt an wildfremde Menschen.

Dabei ist dem Stiefvater – rein rechtlich betrachtet – nicht einmal ein Vorwurf zu machen. Ihm standen die Immobilie und die anderen von seiner Frau hinterlassenen Vermögenswerte zu. Die Tochter hatte lediglich Anspruch auf ihren Pflichtteil. Erst nach dem Tod des Stiefvaters stand Ilka S. als Enderbin das restliche Vermögen zu. Grundsätzlich aber gilt: Bis zu seinem Tod kann der überlebende Ehe- oder Lebenspartner mit dem ererbten Vermögen tun, was er will. Er kann also auch seine Betreuerin und deren Familienangehörigen fürstlich beschenken.

Da mag mancher denken: Wenn schon das gängige Berliner Testament solche Fallstricke birgt, dann verzichten wir eben auf solche Experimente und verfassen gar kein Testament. In einem solchen Fall gilt die gesetzliche Regelung. Viele Bürger sind der irrigen Auffassung, dann erbe der überlebende Ehepartner das gesamte Vermögen und die Kinder erhielten später, was übrig bleibe. Das freilich ist ein Irrtum. Gilt nämlich die gesetzliche Erbfolge, weil kein Testament vorliegt, dann erbt beim Tod eines Ehepartners zunächst der überlebende Partner. Gibt es hingegen Kinder – egal, ob eheliche oder uneheliche –, so bekommt der überlebende Ehepartner die Hälfte des Erbes, die andere Hälfte fließt zu gleichen Teilen den Kindern zu. Ein Beispiel: Eine Familie hat zwei Kinder. Der Ehemann stirbt. Da kein Testament vorliegt, gilt die gesetzliche Erbfolge. Die Ehefrau des Verstorbenen erhält 50 Prozent des Gesamtvermögens, die Kinder erhalten jeweils 25 Prozent. Und schon befinden sich die Hinterbliebenen in einer Erbengemeinschaft, die nicht selten zu heftigem Streit führt und eigentlich nur die Anwälte freut.

Ein anderes Beispiel: Der Ehemann stirbt, das Ehepaar hatte keine Kinder. Da kein Testament vorliegt, gilt die gesetzliche Erbfolge. Die Ehefrau geht davon aus, dass ihr der gesamte Nachlass zufließt, da keine Kinder zu berücksichtigen sind. Weit gefehlt: Die Ehefrau erhält nur 75 Prozent des Nachlasses, weil noch ein Neffe des Verstorbenen lebt, der ebenfalls bedacht werden muss.

Mit diesen Beispielen möchte ich Ihnen zeigen, wie wichtig ein auf die individuellen Absichten und Ziele zugeschnittenes Testament ist. Und zwar für beide Seiten – für den Erblasser ebenso wie für die Erben, die kein Interesse an einer am Ende vielleicht sogar gerichtlichen Auseinandersetzung haben dürften. Zudem läuft der Erblasser Gefahr, dass infolge der gesetzlichen Erbfolge vielleicht ausgerechnet jener den Hauptnutzen hat, der sich nie um die betreffende Person kümmerte und der am allerwenigsten von der Hinterlassenschaft profitieren sollte.

Auf dem Weg zum Erb-Weltmeister

Wie relevant das Thema Erben & Vererben ist, spiegelt die Statistik wider. Nach einer im Herbst 2015 veröffentlichten Studie des Deutschen Instituts für Altersvorsorge (DIA) wird bis zum Jahr 2024 die sagenhafte Summe von 3,1 Billionen (!) Euro an die Nachfahren übergehen. Schon heute werden jährlich weit über 200 Milliarden Euro vererbt – bei deutlich steigender Tendenz. In den westlichen deutschen Bundesländern gehören zu jeder zweiten Erbschaft Immobilien, in den östlichen Bundesländern spielen Häuser, Wohnungen und Grundstücke nur in einem von drei Erbschaftsfällen eine Rolle. Wird eine Immobilie vererbt, erhöht sich das Erbschaftsvolumen in aller Regel signifikant. Die Höhe des Nachlasses liegt dann meist bei über 150.000 Euro.

Vielleicht wundern Sie sich ein wenig angesichts dieser Zahlen. In der Tat: Die statistische Wahrscheinlichkeit erscheint groß, dass Sie erheblich weniger erben. Dies ist der Tatsache geschuldet, dass eben nur wenige Erbschaften in Millionenhöhe ausfallen. Die oberen zwei Prozent aller Hinterlassenschaften vereinen etwa ein Drittel des gesamten Volumens auf sich. Doch auch bei kleineren Erbschaften sollten Erblasser und Erben wissen, wie die Vermögensübertragung so gestaltet werden kann, dass es im Interesse aller Beteiligten ist und Streit in Erbengemeinschaften, der häufig genug vor den Gerichten landet, vermieden wird. Denn bedenken Sie: Kein anderes Rechtsgebiet in Deutschland ist so kompliziert und voller Fallstricke wie das Erbrecht. In seiner Komplexität ist es allenfalls noch vergleichbar mit dem Steuerrecht. Vielleicht haben Sie sich auch schon gewundert, dass es so viele Fachanwälte für Erbrecht gibt. Nun wissen Sie es.

Die gesetzliche Erbfolge – der Staat entscheidet für Sie

Wenn Sie nicht selbst in Form eines Testaments oder Erbvertrags die Dinge geregelt haben, entscheidet der Staat für Sie. Das heißt: An die Stelle der Selbstbestimmung tritt die Fremdbestimmung. Die Frage ist, ob Sie das wirklich wollen. Und vor allem, ob Sie wissen, was da mit Ihrem Vermögen im Todesfall passieren kann. Vielleicht sind Sie derselben Auffassung wie die meisten Ehegatten und gehen davon aus, dass zum Beispiel ein gemeinsames Haus nach dem Tod eines der Ehepartner dem Überlebenden allein gehört. Dann ist die Überraschung groß, wenn plötzlich aufgrund der gesetzlichen Erbfolge andere Personen miterben und plötzlich Miteigentümer der Immobilie werden. Das können die eigenen Kinder oder mitunter sogar weiter entfernte Verwandte sein. Auf den folgenden Seiten möchte ich Ihnen daher aufzeigen, wie die gesetzliche Erbfolge funktioniert und wer im Fall der Fälle was und in welcher Höhe erbt.

Gilt die gesetzliche Erbfolge, dann erben die Verwandten entsprechend ihrem Verwandtschaftsgrad. Solange auch nur ein Verwandter der ersten Ordnung zu finden ist, kommen Verwandte der zweiten Ordnung nicht als Erben in Frage. Entsprechendes gilt für weiter entfernte Verwandte (ich werde das gleich anhand von konkreten Beispielen verdeutlichen). Lebt ein Kind oder ein Elternteil noch, sind deren Nachkommen von der Erbschaft ausgeschlossen. Ist ein an sich Erbberechtigter aber verstorben, treten seine Kinder an dessen Stelle.

Ehegatten sind nach dem Gesetz mit dem Erblasser zwar nicht verwandt, verfügen aber über das Ehegatten-Erbrecht. Gleiches gilt für eingetragene Lebenspartner, die inzwischen weitgehend den Ehegatten gleichgestellt sind (siehe § 10 Lebenspartnerschaftsgesetz, LpartG).

Durch die Adoption erlangt ein adoptiertes Kind die rechtliche Verwandtschaft. Das adoptierte minderjährige Kind erhält mithin die rechtliche Stellung eines gemeinschaftlichen Kindes der Ehegatten. Es gehört damit zu den Erben erster Generation (siehe untenstehende Tabelle). Dies bedeutet auch, dass, wenn das Adoptivkind stirbt, die Adoptiveltern Erben des Adoptivkindes werden. Mit der Adoption erlischt das Verwandtschaftsverhältnis des Kindes zu den leiblichen Eltern.

Ist kein Testament oder Ehevertrag vorhanden und gibt es überdies keine gesetzlichen Erben oder haben alle Erben die Erbschaft ausgeschlagen, so erbt das Bundesland, in dem der Erblasser zur Zeitpunkt seines Todes seinen Wohnsitz oder gewöhnlichen Aufenthalt hatte. Wohnte der Erblasser also zum Beispiel in Bonn, so fiele die Erbschaft dem Land Nordrhein-Westfalen zu. Lässt sich das Bundesland nicht zuordnen, erbt der Bund. Dabei haftet der Staat für Nachlassschulden übrigens nur beschränkt.

Ziel der gesetzlichen Erbfolge ist es, sicherzustellen, dass diejenigen erben, die dem Erblasser am nächsten standen. Entscheidend ist dabei der Verwandtschaftsgrad. Das Gesetz unterteilt die Verwandten damit in drei sogenannte Ordnungen. Falls Sie es ganz genau und mit juristischer Akkuratesse wissen möchten, schauen Sie einfach im BGB nach § 1930). Was es mit diesen drei Ordnungen auf sich hat, verrät Ihnen der nachfolgende Überblick.

Verwandte 1. Ordnung gegenüber dem Erblasser	**Verwandte 2. Ordnung gegenüber dem Erblasser**	**Verwandte 3. Ordnung gegenüber dem Erblasser**
Tochter Sohn Adoptivkind Enkelin (von Sohn und Tochter) Enkel (von Sohn und Tochter)	Vater Mutter Schwester Bruder Neffe und Nichte (von Bruder und Schwester)	Großvater (von Vater und Mutter) Großmutter (von Vater und Mutter) Onkel Tante Cousine Cousin

Nur selten spielen Erben der vierten oder fünften Ordnung eine Rolle, die daher an dieser Stelle nur aus Gründen der Vollständigkeit erwähnt seien. Dabei handelt es sich um die Urgroßeltern des oder der Verstorbenen und deren Abkömmlinge (vierte

Ordnung) beziehungsweise um noch entferntere Voreltern und deren Nachfahren (fünfte Ordnung).

Wichtig: Grundsätzlich ist es möglich, dass ein Erbe mit dem Erblasser mehrfach verwandt ist. Wie das, werden Sie vielleicht jetzt fragen. Nehmen wir zum Beispiel an, dass die Eltern Vetter und Cousine zweiten Grades waren. In diesem Fall bekommt der Erbe mehrere Erbteile.

Doch grau ist alle Theorie, schauen wir uns an, was diese gesetzliche Erbfolgeregelung in der Praxis bedeutet. Angenommen, der Erblasser hat keine Ehefrau mehr, aber eine Tochter und zahlreiche Nichten und Neffen. Die Tochter ist eine Verwandte erster Ordnung, also ein direkter Abkömmling des Erblassers. Konsequenz: Die Tochter erbt alles, die Nichten und Neffen hingegen nichts.

Zweites Beispiel: Der Erblasser hinterlässt eine Nichte und einen Neffen. Seine Eltern und seine Schwestern sind bereits vorverstorben. Die Erbmasse fließt somit jeweils zur Hälfte an eine Nichte und einen Neffen. Der dritte Fall: Der Erblasser stirbt bereits recht früh. Mit seiner Ehefrau lebte er im gesetzlichen Güterstand der Zugewinngemeinschaft (Erklärung im untenstehenden Infokasten). Außerdem leben die Eltern des Verstorbenen noch. Somit stehen der Ehefrau 75 Prozent des Erbes zu, Vater und Mutter des Verstorbenen (Erben zweiter Ordnung) erhalten den Rest.

Wichtig: Ehegatten und Lebenspartner sind mit dem Partner zwar nicht verwandt, aber – wie bereits erwähnt – per Gesetz erbberechtigt. Das gilt allerdings nur, wenn die Ehe beziehungsweise die Lebenspartnerschaft gleichgeschlechtlicher Paare noch besteht. Wird die Ehe geschieden oder die Lebenspartnerschaft aufgehoben, erlischt auch das Erbrecht des Ehegatten beziehungsweise Lebenspartners.

Hierzu unser drittes Beispiel: Der Erblasser war seit vielen Jahren von seiner ehemaligen Frau geschieden. Er hat aus dieser Ehe einen Sohn sowie zwei Töchter. Diese erben jeweils ein Drittel des hinterlassenen Vermögens ihres Vaters. Unterstellen wir nun, der Sohn des Erblassers wäre schon vor einiger Zeit bei einem Verkehrsunfall ums Leben gekommen. Er hinterlässt zwei Söhne. In diesem Fall erhielten der Sohn und die Tochter des Erblassers jeweils ein Drittel, die beiden Enkel jeweils ein Sechstel.

Beachten Sie: Bestanden allerdings Unterhaltsansprüche gegenüber dem Verstorbenen, so müssen die Erben diesen Zahlungsverpflichtungen nachkommen. Dieser Anspruch ist allerdings begrenzt auf den sogenannten kleinen Pflichtteil, den der Partner beziehungsweise Lebenspartner erhielte, würde die Ehe oder die Partnerschaft noch bestehen.

Die gesetzliche Erbfolge sieht darüber hinaus vor, dass der überlebende Ehe- oder Lebenspartner zusätzlich zu seinem Erbe den sogenannten Voraus erhält. Was darunter zu verstehen ist, hat der Gesetzgeber in § 1932 BGB geregelt. Dort heißt es:

»Ist der überlebende Ehegatte neben Verwandten der zweiten Ordnung oder neben Großeltern gesetzlicher Erbe, so gebühren ihm außer dem Erbteil die zum ehelichen Haushalt gehörenden Gegenstände, soweit sie nicht Zubehör eines Grundstücks sind, und die Hochzeitsgeschenke als Voraus. Ist der überlebende Ehegatte neben Verwandten der ersten Ordnung gesetzlicher Erbe, so gebühren ihm diese Gegenstände, soweit er sie zur Führung eines angemessenen Haushalts benötigt«.

Das gilt aber nur, wenn weder ein Testament noch ein Erbvertrag vorliegt und der Ehe- oder Lebenspartner sein Erbe somit aufgrund der gesetzlichen Erbfolge erhält. Zum Voraus kann zum Beispiel das zu Lebzeiten des Erblassers gemeinsam genutzte Auto gehören. Diente das Fahrzeug allerdings ausschließlich beruflichen Zwecken, zählt es nicht zum sogenannten Voraus.

Zugewinngemeinschaft oder Gütertrennung?

Wenn Menschen heiraten oder eine eingetragene Lebenspartnerschaft eingehen, machen sie sich in der Regel keine Gedanken, in welchem Güterstand sie künftig leben. Dabei kann diese Frage erhebliche Konsequenzen bei einer Scheidung oder im Todesfall bergen. Treffen die Ehe- oder Lebenspartner keine anderweitigen Entscheidungen in einem Ehe- oder Lebenspartnerschaftsvertrag, dann gilt der Güterstand der Zugewinngemeinschaft. Dabei bleiben die Güter der Partner während der Ehe getrennt, jedoch wird ein

Zugewinnausgleich vorgenommen, wenn ein Partner stirbt oder die Ehe geschieden wird.

Gilt nach dem Tod des Partners die gesetzliche Erbfolge, weil kein gültiges Testament vorliegt, dann erfolgt ein pauschalierter Zugewinnausgleich zugunsten des überlebenden Partners. Dabei gelten folgende Regelungen:

- Der überlebende Ehepartner erhält gegenüber Verwandten der ersten Ordnung 25 % + 25 %, also die Hälfte der Erbschaft.
- Gegenüber Verwandten der zweiten Ordnung erhält der überlebende Ehe- oder Lebenspartner 50 % + 25 %, also 75 % der Erbschaft.
- Gegenüber entfernteren Verwandten ist der Ehepartner Alleinerbe.

Die Alternative besteht darin, eine Gütertrennung zu vereinbaren. Im Fall einer Scheidung kommt es dann zu keinem Zugewinnausgleich. Die Eheleute oder eingetragenen Ehepartner befinden sich in einer Situation, als ob sie nie geheiratet hätten. Keiner der Partner ist verpflichtet, dem jeweils anderen einen Einblick in das eigene Vermögen und dessen Zuwachs zu gewähren. Haben die Eheleute oder Lebenspartner Gütertrennung vereinbart, entfällt die pauschale Erhöhung der Erbquote, die – wie gerade beschrieben – in einer Zugewinngemeinschaft üblich ist. Außerdem gilt: Wenn neben dem überlebenden Ehegatten Kinder erbberechtigt sind, erben alle – einschließlich des Ehegatten – zu gleichen Teilen. Bei einem Kind erhalten also Ehegatte und Kind jeweils die Hälfte, bei zwei Kindern fließt jedem ein Drittel zu usw.

Die Gütertrennung kann sich mithin im Erbfall als nicht sonderlich vorteilhaft erweisen. Manche Eheleute entscheiden sich daher für eine modifizierte Zugewinngemeinschaft. In einem entsprechenden Ehevertrag kann zum Beispiel geregelt werden, dass im Fall der Scheidung abweichend von dem gesetzlichen Güterstand (also der Zugewinngemeinschaft) die Gütertrennung gelten soll. Im Erbfall hingegen würden dann weiterhin die Bestimmungen der Zugewinngemeinschaft gelten. Auf diese Weise lassen sich die Vorteile beider Güterstands-Varianten miteinander kombinieren.

Erwähnen möchte ich aus Gründen der Vollständigkeit noch den Güterstand der Gütergemeinschaft, der heute allerdings extrem selten ist. Entscheiden sich die Eheleute vor der Heirat dazu, eine Gütergemeinschaft zu bilden, wachsen die Vermögen der Eheleute zu einem sogenannten Gesamtgut zusammen.

Wie hoch der gesetzliche Erbanteil des Ehegatten ist, hängt also in hohem Maße davon ab, in welchem Güterstand das Paar lebte. Der Unterschied kann erheblich sein, wie Sie dem folgenden Überblick entnehmen können. Sie erkennen auch, dass der bei Scheidungen eher vorteilhafte Güterstand der Gütertrennung im Erbschaftsfall unter bestimmten Voraussetzungen ungünstig sein kann.

Ehegattenerbteil bei ...	**Zugewinn-gemeinschaft**	**Güter-trennung**	**Güter-gemeinschaft**
Erben der 1. Ordnung bei:			
1 Kind	1/2	1/2	1/4
2 Kindern	1/2	1/3	1/4
3 Kindern	1/2	1/4	1/4
Nur Erben 2. Ordnung oder wenigstens Großeltern vorhanden	3/4	1/2	1/2
Weder Erben 1. noch 2. Ordnung noch Großeltern vorhanden	1/1	1/1	1/1

Sie sehen, es kann sich für Ihre Erben als fatal erweisen, wenn Sie sich allein auf die gesetzliche Erbfolge verlassen. Möglicherweise profitiert dann ausgerechnet jemand von Ihrer Hinterlassenschaft, der es aus Ihrer Sicht eigentlich gar nicht verdient hat. Das muss nicht sein, Sie können (und sollten nach meiner Meinung) Ihren Nachlass rechtzeitig per Testament oder Erbvertrag regeln. Dann haben Sie alle Freiheiten. Sie können, wenn Sie möchten, Ihrer undankbaren Familie, die sich nie um Sie gekümmert hat, salopp ausgedrückt eine lange Nase drehen und Ihr Vermögen einer gemeinnützigen Stiftung hinterlassen. Ihren Familienmitgliedern steht dann lediglich noch der Pflichtteil zu (auf dieses Thema werde ich später eingehen). Zuvor möchte ich aber wichtige Fragen rund um das Thema Erben & Vererben beantworten, die mir immer wieder gestellt werden.

Zwölf wichtige Fragen rund ums Erben & Vererben

1. Was kann eigentlich vererbt werden?

Vererben können Sie grundsätzlich nur das, was Ihnen gehört. Klingt eigentlich selbstverständlich, doch auch in dieser Hinsicht kommt es immer wieder zu Fehleinschätzungen. Hierzu zwei Beispiele: Herr Richard Reichmann unterhält bei seiner Bank ein Wertpapierdepot. Seine Ehefrau Doris hat eine Vollmacht dafür. Nun verstirbt die Ehefrau. Da die beiden in einer Zugewinngemeinschaft leben, könnte man annehmen, 50 Prozent des Depots, also der Anteil der Ehefrau, würde vererbt – zum Beispiel an den Ehemann und die Kinder. Doch dem ist nicht so. Das Depot lautet ausschließlich auf den Namen des Mannes, mithin fällt gar keine Erbschaft an. Richard Reichmann verfügt über 100 Prozent des Depotbestands.

Das zweite Beispiel: Emil und Eva Emsig haben ein kleines Unternehmen. Emil ist GmbH-Gesellschafter. Das Paar lebt in einer Zugewinngemeinschaft. Die Ehefrau stirbt, doch für die GmbH ändert sich nichts. Die Gesellschaftsanteile sind allein dem Mann zuzurechnen. Die Frau kann somit keine Anteile an der GmbH vererben. Das mag Sie vielleicht etwas überraschen, heißt es doch immer, in einer Zugewinngemeinschaft gehöre dem anderen Ehepartner jeweils die Hälfte – in unseren Beispielen also die Hälfte des Aktiendepots beziehungsweise der GmbH.

Vorsicht: Das gilt nur für das Scheidungsrecht, nicht aber für das Erbrecht. Daher noch einmal: Vererbt wird nur, was dem Erblasser gehört und auf seinen Namen lautet.

Anders sieht es mit jenen Dingen aus, die dem Ehepaar gehören. Wenn also ein Erblasser mit seiner Ehefrau im Zustand der Zugewinngemeinschaft lebte und ein sogenanntes Berliner Testament erstellt hat, erbt sie zunächst einmal alles, was ihrem Ehemann gehörte und auf dessen Namen lautete. Sie kann mit diesem Vermögen fortan nach ihrem Belieben verfahren.

2. Welche Arten von Erben sind möglich?

Folgende Arten sind zu unterscheiden:

- Der Alleinerbe erbt, wie der Begriff schon sagt, alles. Er ist der Gesamtrechtsnachfolger eines Verstorbenen.
- Der Miterbe ist einer von mehreren Erben eines Verstorbenen.
- Der Ersatzerbe wird vom Erblasser für den Fall bestimmt, dass der in erster Linie eingesetzte Erbe wegfällt, also falls er zum Beispiel selbst verstirbt.
- Der Vorerbe kann über die Erbschaft nicht frei verfügen, weil diese aufgrund der Verfügung des Erblassers auf den Nacherben übergehen soll.
- Der Nacherbe wird erst dann zum Erben, nachdem ein anderer (Vorerbe) für eine gewisse Zeit Erbe war.

3. Wann sollte man sein Testament machen?

Wer jung und fit ist, denkt naturgemäß nicht daran, sein Testament zu machen. Ein 30-Jähriger, der im Freundeskreis verkündet, er müsse den geselligen Grillabend verlassen, weil er noch sein Testament aufsetzen möchte, würde mit großer Wahrscheinlichkeit sprachloses Unverständnis auslösen. Ist das ein makabrer Scherz? Hat der Freund einen über den Durst getrunken? Oder ist er, dieser fröhliche Mensch, am Ende gar schwer erkrankt? Wer sein Testament macht, hat nach Ansicht der meisten Menschen einen Grund. Oft ist es eben tatsächlich eine schwere Krankheit, oder der Betreffende hat ein hohes Alter erreicht, in dem niemand mehr weiß, wie viel Zeit ihm oder ihr noch bleibt. Vielleicht übt der Betreffende auch einen gefährlichen Beruf aus und möchte für den Fall der Fälle vorsorgen.

Wer sich mit dem eigenen Testament auseinandersetzt, denkt zwangsläufig über seinen Tod nach. Und dieses Thema wird oft verdrängt. Zumindest so lange, wie kein Anlass besteht, sich damit auseinanderzusetzen. Hinzu kommt, dass die Deutschen generell als ausgesprochene »Testamentsmuffel« gelten. Statistiken zufolge hat nur jeder vierte Deutsche ein Testament gemacht.

Ich empfehle Ihnen, durchaus schon frühzeitig Ihren letzten Willen schriftlich zu fixieren. Keine Sorge, Sie können Ihr Testament später natürlich jederzeit wieder ändern. Sonst kann es Ihnen ergehen wie Sandra W. (35) aus Leonberg. Zusammen mit Ihrem Mann kaufte Sie eine Eigentumswohnung, die sie zu 90 Prozent finanzierten. Kurz nach dem Einzug in die eigenen vier Wände erkrankte der 40-jährige Ehemann an Bauchspeicheldrüsenkrebs, ein Jahr später starb er. Da kein Testament vorlag, galt – wie eingangs erwähnt – die gesetzliche Erbfolge. Die junge Witwe befand sich plötzlich in einer Erbengemeinschaft und musste sich mit anderen Verwandten herumärgern.

Oder nehmen wir Horst B. aus Rosenheim. Mit seinen 63 Jahren fühlte er sich ausgesprochen fit und dachte gar nicht daran, ein Testament zu verfassen. Plötzlich erlitt Horst B. einen schweren Schlaganfall. Er überlebte diesen Notfall zwar, doch war er anschließend in erheblichem Maße psychisch eingeschränkt und damit nicht mehr »testierfähig«. Das heißt, er konnte kein gültiges Testament mehr erstellen. Meine Empfehlung daher: Warten Sie nicht zu lange mit der Abfassung Ihres Testaments.

4. Wann braucht man einen Erbvertrag, wann reicht ein Testament aus?

Für die meisten von Ihnen, liebe Leserin, lieber Leser, dürfte ein Testament ausreichen. Es hat zudem den Vorteil, dass Sie es jederzeit unbürokratisch ändern können: Sie zerreißen das Dokument und setzen ein neues Testament auf. Das können Sie allein entscheiden, lediglich im Fall eines Ehegattentestaments müssen Sie natürlich das Einverständnis Ihrer Ehefrau oder Ihres Ehemannes haben. Ein Erbvertrag hingegen ist – wie der Name schon sagt – ein verbindlicher Vertrag zwischen dem Erblasser und seinen späteren Erben. Er kann nur dann geändert werden, wenn alle Beteiligten zustimmen.

Der Erbvertrag ist nichts anderes als eine Kombination aus Testament und Vertrag. Meist übernehmen der künftige Erblasser und die späteren Erben wechselseitige Verpflichtungen. Ein Beispiel: Der Handwerker Max bestimmt laut Erbvertrag, dass nach seinem Tod sein Sohn Joachim den Betrieb übernimmt. Im Gegenzug verpflichtet sich Joachim, schon zu Lebzeiten seines Vaters in dem Handwerksunternehmen mitzuarbeiten.

Aber auch im privaten Bereich kann sich ein Erbschaftsvertrag als sinnvoll erweisen. Im Gegensatz zu Ehegatten und eingetragenen Lebenspartnern können unverheiratete Paare (»Wilde Ehe«) kein gemeinschaftliches Testament aufsetzen. In diesem Fällen bietet sich ein Erbvertrag an. In diesem Vertrag können sich beide Partner gegenseitig zu Alleinerben bestimmen.

5. Muss ich zum Notar oder Anwalt?

Klare Antwort: Ihr Testament ist auch ohne notarielle Beurkundung gültig. Sie können sich die Kosten für den Notar also sparen. Auch anwaltliche Beratung brauchen Sie nicht unbedingt. Anders kann die Sache aussehen, wenn Sie ein sehr komplexes Vermögen zu vererben haben, zum Beispiel, wenn Sie Anteile an einem Unternehmen oder Immobilien besitzen. Aufgrund der dann meist sehr vielfältigen rechtlichen Regelungen und der oftmals komplizierten Steuerfragen rate ich Ihnen, fachliche Beratung in Anspruch zu nehmen, um damit den tatsächlichen Willen des Erblassers rechtswirksam zu formulieren und somit Rechtsunsicherheiten und -unklarheiten nach dem Tod zu vermeiden. Nur so kann sichergestellt werden, dass der Letzte Wille Beachtung findet und nicht missverstanden wird oder sogar »verloren geht« (auch das soll häufiger vorkommen).

Die Gebühren für eine notarielle Beurkundung eines Einzeltestaments orientieren sich am vorhandenen Vermögen des späteren Erblassers, wobei noch vorhandene Schulden berücksichtigt werden. Angenommen, Ihr Vermögen einschließlich einer Immobilie macht nach Abzug der Schulden rund 500.000 Euro aus. In diesem Fall zahlen Sie für die Beurkundung rund 1.000 Euro. Doch wie gesagt: Eine notarielle Beurkundung und/oder anwaltliche Beratung brauchen Sie nur bei komplexen Vermögensstrukturen.

Wichtig: Entscheiden Sie sich für den Abschluss eines Erbvertrags, dann führt kein Weg am Notar vorbei. Denn ein solcher Vertrag bedarf zwingend der notariellen Beurkundung.

6. Wie soll ich mich auf das Gespräch mit den Anwalt bzw. Notar vorbereiten?

Machen Sie sich – gegebenenfalls gemeinsam mit Ihrem Ehe- oder Lebenspartner – rechtzeitig Gedanken über alle Fragen, die Ihnen wichtig erscheinen und die Sie geklärt haben möchten. Was sind Ihre Ziele? Was würden Sie sich wünschen? Wer soll was bekommen – oder auch nicht?

7. Wo soll ich das Testament aufbewahren?

Es hat relativ wenig Sinn, wenn Sie Ihr Testament irgendwo in einem versteckten Winkel zu Hause aufbewahren, wo es im Fall der Fälle nicht gefunden wird. Ebenso riskant ist es, das Testament dort aufzubewahren, wo es jedem gleich ins Auge fallen kann, zum Beispiel in einer offenen Schreibtischschublade. Denn wie gesagt, immer wieder passiert es, dass Testamente auf wundersame Weise »verschwinden«. Und wenn weder ein Testament noch ein Erbvertrag vorhanden sind, dann gilt eben die eingangs beschriebene gesetzliche Erbfolge.

Ich empfehle Ihnen, Ihr Testament beim Nachlassgericht – also dem örtlichen Amtsgericht – aufbewahren zu lassen. Dort wird es im Todesfall garantiert gefunden und eröffnet. Das gilt sowohl für von Ihnen individuell verfasste, handschriftliche Testamente als auch für notariell protokollierte Testamente. Die dadurch entstehenden einmaligen Gebühren liegen in der Regel in Deutschland deutlich unter 100 Euro.

Testamente, die in amtlicher, also notarieller oder gerichtlicher Verwahrung sind, werden in dem seit 2012 bestehenden Zentralen Testamentsregister (ZTR) der Bundesnotarkammer registriert. Bei jedem Sterbefall fragt das zuständige Standesamt beim ZTR an, ob ein Testament oder andere erbfolgerelevante Urkunden, wie beispielsweise ein Erbvertrag, vorliegen. Sollte dies der Fall sein, wird das zuständige Nachlassgericht verständigt – und die Dinge gehen ihren ordentlichen Weg.

Sollten Sie es hingegen vorziehen, Ihr Testament zu Hause aufzubewahren, so empfehle ich Ihnen, mindestens eine Kopie anzufertigen und diese einer Person Ihres absoluten Vertrauens auszuhändigen. Diese sollte dann natürlich auch wissen, wo sich das Original-Testament befindet. Falls Sie niemandem aus Ihrem Freundes- oder Verwandtenkreis so recht über den Weg trauen, empfehle ich Ihnen dringend, Ihr Testament bei Gericht zu hinterlegen.

8. Kann ich ein einmal aufgesetztes Testament auch widerrufen?

Wie an anderer Stelle schon erwähnt, können Sie eine Testamentsurkunde, die Sie zu Hause aufbewahren, jederzeit vernichten oder mit dem handschriftlichen Zusatz »ungültig« versehen. Grundsätzlich gilt: Ein neues Testament setzt ein älteres außer Kraft. Haben Sie Ihr Testament bei Gericht hinterlegt, können Sie dort jederzeit die Rückgabe der Urkunde aus der amtlichen Verwahrung verlangen und das Testament anschließend vernichten. Beachten Sie bitte: Das persönliche Erscheinen ist in diesem Fall erforderlich (Sie können Ihr bei Gericht verwahrtes Testament also nicht einfach telefonisch oder per E-Mail zurückrufen).

9. Welche Informationen muss ich meinen Erben hinterlassen?

Natürlich sollten die Erben erfahren, ob und gegebenenfalls wo Sie Schließfächer mit Bargeld oder Wertgegenständen unterhalten.

Ansonsten wird irgendwann der Staat zugreifen. Denken Sie ferner an den »digitalen Nachlass«. Vermutlich wickeln Sie viele Geldgeschäfte im Online-Verfahren ab (Online-Banking). Auch Wertpapierdepots werden heutzutage in den meisten Fällen online geführt (Online-Brokerage). Um sich einen Überblick über Ihre Vermögenswerte zu verschaffen, brauchen die Erben also die Passwörter und Zugangsdaten. Auch diese sollten Sie in einem Dokument zusammenfassen, das Sie an einem sicheren Ort verwahren. Allerdings sollte es Ihnen möglich sein, diese Daten gegebenenfalls zu aktualisieren (schließlich könnte es ja sein, dass Sie irgendwann einmal Ihre Bank oder Ihren Online-Broker wechseln).

10. Wer kann eigentlich erben?

Ganz einfach: Jede natürliche Person, ganz gleich, ob sie mit dem Erblasser verwandt ist oder nicht. Sogar Embryonen sind erbfähig. Denn es gilt der Grundsatz: Erben kann jeder, der bei Eintritt des Erbfalls noch nicht geboren, aber bereits gezeugt worden ist. Diese Regelung gilt natürlich nur, wenn das Kind lebend zur Welt kommt.

Hat der Erblasser keine nahen Angehörigen, oder liegt er mit diesen im Streit, dann kommt mancher auf die Idee, sein Vermögen seinem Hund oder seinem Pferd zu vererben. Das freilich ist nicht möglich. Tiere sind grundsätzlich nicht erbfähig. Sie können allerdings einer Person einen Teil Ihres Vermögens vermachen mit der Auflage, dass sie sich regelmäßig um Ihr Haustier kümmert, sofern das Tier Sie überlebt. Als Ausdruck Ihrer besonderen

Tierliebe haben Sie natürlich auch die Möglichkeit, zum Beispiel einem Tierheim einen Teil Ihres Vermögens zu vermachen.

Für den Fall, dass keine nahen Angehörigen vorhanden sind, Sie aber über ein größeres Vermögen verfügen, gibt es eine interessante Alternative, von der in den vergangenen Jahren viele Menschen Gebrauch machten: Sie gründen zu Lebzeiten eine Stiftung »von Todes wegen«. Was etwas kurios klingen mag, funktioniert aber im Grunde recht einfach. Sie gründen eine Stiftung und legen fest, welchem gemeinnützigen Zweck die Kapitalerträge der Stiftung zufließen sollen. Gleichzeitig bestimmen Sie, wer die Stiftung später leiten soll. Nach Ihrem Tod fließt Ihr Vermögen der Stiftung zu, die dann erst ihre eigentliche Arbeit aufnimmt. Angesichts der seit Jahren anhaltend niedrigen Zinsen sollte das in die Stiftung übertragene Vermögen allerdings recht hoch sein, damit es überhaupt zu nennenswerten Kapitalerträgen kommt. Nähere Informationen zu diesem Thema erhalten Sie hier: www.stiftungen.org

11. Auf welche Form muss man bei der Testamentserstellung achten?

Wenn Sie kein notarielles Testament vorziehen, so bleibt Ihnen als Alternative das handschriftliche Testament. Der Erblasser muss dieses Testament aber tatsächlich komplett handschriftlich verfassen. Es reicht also nicht aus, seinen Letzten Willen in den Computer zu schreiben, den Text auszudrucken und zu unterschreiben.

12. Was ist der Unterschied zwischen einer Erbschaft und einem Vermächtnis?

Der Erbe tritt die Rechtsnachfolge des Verstorbenen an. Das kann für ihn erhebliche Konsequenzen bergen, die ich Ihnen auf den nachfolgenden Seiten noch näher erläutern werde. Der Vermächtnisnehmer ist kein Rechtsnachfolger. Er erhält in der Regel einen kleinen Teil des Vermögens, zum Beispiel einen wertvollen Gegenstand. Das Vermächtnis kann allerdings auch in einem Geldbetrag bestehen. In beiden Fällen sind die Erben verpflichtet, den Gegenstand oder den Geldbetrag an den Vermächtnisnehmer auszuhändigen.

1. Beispiel (das Vermächtnis besteht aus einem wertvollen Gegenstand):
   »Meinem Freund Karl Hansen vermache ich meine goldene Herrenarmbanduhr der Marke Patek Philippe, Calatrava ...«
   In diesem Fall sind die Erben verpflichtet, dem Vermächtnisnehmer Karl die Uhr auszuhändigen.

2. Beispiel (das Vermächtnis besteht aus einem Geldbetrag):
   »Meiner Enkelin Christiane, geboren am 14. Juli 2012, vermache ich einen zweckgebundenen Geldbetrag. Der Zweck besteht in der Finanzierung ihres Studiums. Die Höhe des auszuzahlenden Geldbetrags legt mein Testamentsvollstrecker fest.« Die Erben müssen Christiane später also nach Vorgabe des Testamentsvollstreckers das Studium ganz oder teilweise finanzieren.

2. Sie erben – darauf sollten Sie achten

Wagen wir uns an ein Thema heran, das viele Fettnäpfchen birgt und das einem bei unsensiblem Vorgehen schnell den Vorwurf der Erbschleicherei einbringt. Dennoch, es gibt Dinge, über die man im Vorfeld reden sollte, um später Enttäuschung oder gar Streit zu vermeiden. Angenommen, Ihre Mutter ist Eigentümerin eines Hauses, an dem ihr sehr viel liegt. Ihr Mann ist bereits vor mehreren Jahren gestorben, seither wohnt sie allein in der Immobilie. Sie und Ihre Schwester sind dort aufgewachsen, weshalb auch sie beide eine emotionale Bindung an dieses Haus haben. Ihre Mutter möchte unbedingt, dass die Immobilie im Familienbesitz bleibt. Zugleich verfügt die Erblasserin über einen größeren Geldbetrag, den sie im Laufe der Jahre zusammengespart hat. Sie trägt sich nun mit dem Gedanken, Ihnen als ihrem Sohn das Haus zu vererben. Die Tochter erhielte dann den Geldbetrag sowie einige wertvolle Gegenstände. Doch eigentlich möchten Sie das Haus gar nicht erben. Sie wohnen weit entfernt in einer anderen Stadt und können mit Ihrer Familie das elterliche Haus nicht selbst bewohnen. Vermieten wollen Sie es auch nicht, weil sie sich den damit verbundenen Aufwand nicht antun möchten. Wenn Sie die Immobilie aber verkaufen, verstoßen Sie gegen den ausdrücklichen Wunsch der Mutter.

Eigentlich wäre es Ihnen viel lieber, Sie erbten das Geldvermögen. Außerdem wissen Sie, dass Ihre Schwester nicht abgeneigt wäre, nach dem Tod der Mutter in das elterliche Haus einzuziehen und sich darum zu kümmern. Eigentlich eine ganz einfache Lösung: Der Sohn bekommt das Geld, die Tochter die Immobilie – und alle sind glücklich. Die Mutter aber glaubt nach wie vor, der Sohn habe ein Auge auf das Haus geworfen und wolle wieder in seine Heimatstadt zurückkehren.

Es wäre also sinnvoll, Mutter, Sohn und Tochter würden sich in einer ruhigen Stunde an einen Tisch setzen und dieses Thema besprechen. Doch die Kinder fürchten, sich dem Vorwurf der Erbschleicherei auszusetzen. Die Mutter wiederum will keines ihrer Kinder bevorzugen. Und der Tod ist in unserer Gesellschaft ohnehin ein Tabuthema.

Praxistipp:

Sprechen Sie mit dem späteren Erblasser ganz offen über Ihre Pläne und Absichten. Lassen Sie zum Beispiel durchblicken, dass Sie nicht beabsichtigen, in Ihre Heimatstadt zurückzukehren, und sich stattdessen in einer anderen Stadt gern eine Eigentumswohnung kaufen würden. Sofern der Erblasser über ausreichend Empathie verfügt, wird er nun wissen, wo Ihre Prioritäten liegen. Er kann sein Testament entsprechend gestalten. Manche Erblasser sind für solche mehr oder weniger dezente Hinweise sogar dankbar, weil sie nun sicher sein können, im Sinne ihrer Erben zu entscheiden.

Ein Ergebnis einer solch sensiblen Unterhaltung kann auch die Erkenntnis sein, dass es Sinn macht, dem künftigen Erben schon vorab einen Teil des Vermögens zu schenken. Angenommen, Sie beabsichtigen, in nicht allzu ferner Zukunft zu bauen. Ihr 75-jähriger Vater schenkt Ihnen ein Baugrundstück. Letztlich handelt es sich also um eine vorweggenommene Erbschaft.

Das sollten Sie beachten:

- → Bei einer Schenkung wird das Eigentumsrecht an einem Gegenstand – im konkreten Fall also am Baugrundstück – unentgeltlich an den Beschenkten übertragen. Sie zahlen nichts dafür, auch keinen symbolischen »Sonderpreis«.
- → Geschenkt ist geschenkt. Sollte Ihr Vater auf die Idee kommen, das Grundstück zurückzufordern, zum Beispiel, weil er sich über Sie geärgert hat, so hat er schlechte Karten.
- → Werden Grundstücke oder Immobilien verschenkt, muss der entsprechende Schenkungsvertrag notariell beurkundet werden. Der Notar veranlasst überdies die Eintragung des Beschenkten ins Grundbuch.
- → Erhält ein Kind eine Schenkung, so erfolgt später nur dann eine Verrechnung mit dem Erbe, wenn dies von vornherein vereinbart wurde. Nur in wenigen Ausnahmefällen sind Abweichungen von dieser Regel möglich, zum Beispiel, wenn die Schenkung eine Existenzgründungshilfe darstellte.

Eine notarielle Beurkundung ist darüber hinaus bei sogenannten Schenkungsversprechen erforderlich. Ein solcher Fall liegt zum Beispiel vor, wenn Ihr Vater die Schenkung von einem erfolgreichen Abschluss Ihres Studiums abhängig macht. Der Schenker kann von Ihnen ferner eine bestimmte Gegenleistung für sein Geschenk verlangen. Zum Beispiel, dass Sie Ihren Vater regelmäßig zum Arzt fahren.

Wie wir im Kapitel »Was erbt der Fiskus?« noch feststellen werden, kann eine Schenkung bei größerem Vermögen durchaus steuerliche Vorteile haben, weil sich unter bestimmten Voraussetzungen das für die Berechnung der Erbschaftsteuer relevante Erbschaftsvolumen dadurch verringert. Allerdings sollten Sie bedenken, dass natürlich auch eine Schenkung steuerpflichtig ist. Zeigt sich Ihr Vater oder Ihre Mutter allzu generös, müssen Sie damit rechnen, dass der Fiskus Ihnen einen Schenkungsteuerbescheid ins Haus schickt. Für die Schenkungsteuer gelten dieselben Regelungen wie für die Erbschaftsteuer.

Allerdings muss die Schenkung schon recht großzügig ausfallen, damit Sie überhaupt steuerpflichtig werden. Bei Schenkungen an die Kinder gilt nämlich ein Freibetrag von aktuell 400.000 Euro.

Wer pflegt, wird belohnt

Als Tochter pflegen Sie Ihre kranke Mutter, während sich Ihre beiden Brüder weitgehend zurückhaltend. Dann steht Ihnen nach dem Tod Ihrer Mutter ein größerer Anteil an deren Erbe zu als den beiden Söhnen. Dies wurde in der Erbrechtsreform 2010 eindeutig geregelt. Allerdings sollten Sie einige Aspekte bedenken.

Wie in Kapitel 1 beschrieben, werden in der gesetzlichen Erbaufteilung alle Nachkommen eines Verstorbenen entsprechend ihres Verwandtschaftsgrades gleichbehandelt. Doch in vielen Fällen sind die Pflege und Betreuung der Eltern oder Großeltern nicht gleich verteilt. Nach dem seit 1. Januar 2010 gültigen Erbrecht haben pflegende Angehörige einen Ausgleichsanspruch aus dem Erbe. Konkret brauchen Verwandte seither keinen Einkommensverlust mehr nachzuweisen, um den Aufwand einer häuslichen Pflege beim Erbe geltend zu machen. Diese Regelung verbessert sowohl die Stellung von Hausfrauen, die vor der Pflege kein Einkommen hatten, als auch von Nachkommen, welche die Doppelbelastung von Beruf und Pflege auf sich nehmen. Die Pflegeleistungen werden vorab von der Erbmasse abgezogen. Das verbleibende Erbe wird anschließend gesetzlich oder nach Testament verteilt.

Praxisbeispiel:

Ein Vater hinterlässt seinen beiden Töchtern insgesamt 100.000 Euro. Eine Tochter hat den Vater in den letzten Jahren gepflegt. Die Pflegeleistungen werden mit 20.000 Euro bewertet. Die pflegende Tochter erhält also zunächst 20.000 Euro aus dem Erbe. Die verbleibenden 80.000 Euro werden gleichmäßig verteilt. Insgesamt erhält mithin die Tochter, die den Vater gepflegt hat, 60.000 Euro (20.000 + 40.000 Euro) und die andere Tochter 40.000 Euro. Das Erbrecht definiert allerdings nicht, wie Pflegeleistungen zu bewerten sind. Einen einheitlichen Stundenlohn für die Pflege gibt es somit nicht, offizielle Tabellen oder gesetzliche Vorgaben fehlen. In der Konsequenz kommt es häufig zu gerichtlichen Auseinandersetzungen zwischen den Hinterbliebenen. Entscheidend ist in der Regel dabei auch der Wert des Nachlasses. Hat beispielsweise die Mutter ihren Kindern nur 10.000 Euro hinterlassen, wäre etwa ein Ausgleich von 8.000 Euro für die Pflegeleistung unangemessen hoch. Vor dem Landgericht Konstanz bekam 2008 eine Tochter, die ihre Mutter acht Jahre lang gepflegt hatte, beispielsweise 30.000 Euro zusätzlich zu ihrem normalen Erbteil zugesprochen (Az: 5O 249/08E).

Die Pflegenden sollten in jedem Fall Pflegekosten dokumentieren und genau aufschreiben, wann sie welche Pflegeleistungen erbracht haben, um im Erbfall ihre Ansprüche geltend machen zu können. Wer ganz sichergehen will, dass eine Person, welche die häusliche Pflege übernommen hat, beim Erbe angemessen berücksichtigt wird, sollte ein Testament machen. Darin kann der Erblasser pflegende Geschwister, Schwiegerkinder oder Bekannte berücksichtigen. Denn auch nach dem neuen Erbrecht gehen diese ansonsten leer aus.

Eine Alternative stellt die gerade beschriebene Schenkung dar. Angehörige erhalten auf diese Weise sofort eine finanzielle Anerkennung für Pflege und Betreuung. Schenkungen innerhalb der letzten zehn Jahre vor dem Tod werden allerdings der Erbmasse zugeschlagen. Das heißt, der Beschenkte muss möglicherweise Teile der Schenkung zurückgeben, wenn der Schenkende vor Ablauf der Zehnjahresfrist verstirbt. Das neue Erbrecht hat die Folgen der Schenkung jedoch entschärft. Im Gegensatz zu früher fließen nur noch Schenkungen im letzten Jahr vor dem Tod voll in die Erbmasse ein. Danach nimmt der Wert jedes Jahr ab. Nach fünf Jahren wird eine Schenkung also nur noch zu 50 Prozent und nach neun Jahren zu zehn Prozent berücksichtigt.

Nach dem Todesfall – was ist zu tun?

Die Reaktion auf den Tod einer nahestehenden Person kann ganz unterschiedlich ausfallen: Litt der Betreffende monate- oder gar jahrelang an einer schweren und unheilbaren Krankheit, ließen sich seine Schmerzen nur noch mit starken Medikamenten lindern, dann dürfte sein Tod vielfach als »Erlösung« aufgenommen werden. Überdies hatten die Angehörigen recht lange Zeit, sich auf diese Situation vorzubereiten. Sie wissen also, was nun zu tun ist. Aber dann gibt es auch die Fälle, in denen eine nahestehende Person innerhalb von nur wenigen Tagen (oder sogar Stunden) verstirbt. Jeder hat schon einmal etwas vom sogenannten Sekundentod oder vom »Plötzlichen Herztod« gehört (im medizinischen Fachjargon »Sudden Cardiac Death« genannt). Dann bleibt den Angehörigen und Freunden keine Zeit mehr zum Abschiednehmen, ihnen wird buchstäblich der Boden unter den Füßen weggezogen. Viele Personen stehen sogar unter Schock und sind regelrecht paralysiert. In solchen Momenten muss jemand da sein, der weitgehend kühlen Kopf behält, denn nach dem Tod eines Menschen sind wichtige Dinge zu regeln – nicht zuletzt auch, um den reibungslosen Vermögensübergang an die Erben des Verstorbenen sicherzustellen.

Es mag ja Zeitgenossen geben, die bei einer Todesnachricht sofort an ihr Erbe denken und nach einer mehr oder minder geheuchelten Trauer kaum darauf warten können, das Geld oder die Immobilie des Verstorbenen zu bekommen. Doch die meisten von uns erleben die Nachricht vom Tod eines geliebten Menschen zunächst als Schock. Nichts liegt ihnen ferner, als in solchen psychischen Ausnahmesituationen an profane Dinge wie Geld und Erbschaften zu denken. Gleich nach dem ersten Schock kommen dann in der Regel die Fragen: Was muss ich jetzt unternehmen? Wer ist zu informieren? Welche Behörden muss ich innerhalb welcher Frist informieren? Was passiert mit dem Bankkonto des Verstorbenen? Wer kümmert sich um die Beisetzung?

Als einem der nächsten Angehörigen (Ehepartner, Tochter oder Sohn) kommt auf Sie – neben der Trauerbewältigung – jede Menge Arbeit zu. Manche Psychologen sagen, diese Anforderungen hätten für den Trauernden sogar einen positiven Effekt: Er oder sie muss sich ganz geschäftsmäßig um wichtige Dinge kümmern, was schnell ein Stück Alltag ins Leben des Hinterbliebenen zurückbringt. Tatsächlich beginnt in der Regel die Trauerarbeit erst nach der Bestattung des Verstorbenen. Dann spürt der Hinterbliebene die plötzlich bestehende Leere, er nimmt auf schmerzliche Weise die Lücke wahr, die der Verstorbene hinterließ.

Praxistipp:

Informieren Sie nach dem Tod eines Ihnen nahestehenden Menschen umgehend auch entferntere Angehörige und gute Freunde, die Ihnen in den ersten Tagen nach dem Todesfall behilflich sein können.

Doch gehen wir Schritt für Schritt vor: Auf was müssen Sie als Angehöriger und künftiger Erbe bei einem Trauerfall achten?

Sofort notwendige Maßnahmen:

1. Sie brauchen einen Totenschein. Verstarb der Erblasser in einem Krankenhaus, brauchen Sie sich darum in der Regel nicht zu kümmern, die Klinikärzte stellen das betreffende Dokument aus. Verstirbt der Angehörige jedoch zu Hause oder unterwegs, müssen Sie einen Arzt verständigen, der den Totenschein ausstellt. Ist der Hausarzt nicht erreichbar, informieren Sie den Notruf unter der Nummer 112.

2. Verständigen Sie die nächsten Angehörigen und Freunde, bitten Sie – falls erforderlich – um Hilfe (siehe Praxistipp). Gehörte der Verstorbene einer Kirche an, verständigen Sie

den Pfarrer, sofern dieser beim Sterbeprozess nicht ohnehin anwesend war.

3. Suchen Sie so schnell wie möglich nach Verfügungen des Verstorbenen für den Todesfall. Liegt zum Beispiel ein Organspendeausweis vor, hat der Verstorbene zu Lebzeiten noch einen Vorsorgevertrag mit einem bestimmten Bestattungsinstitut geschlossen, hat er einen schriftlichen Wunsch hinsichtlich der Form seiner Bestattung geäußert?

4. Beauftragen Sie einen Bestatter. Er wird Ihnen gerade in den ersten Tagen nach dem Trauerfall viel Arbeit abnehmen und kümmert sich gegebenenfalls auch um die Überführung.

5. Legen Sie die Bestattungsart fest.

Maßnahmen innerhalb von 24 Stunden:

1. Kümmern Sie sich um die Wohnung und eventuell um die Haustiere des Verstorbenen. Möglicherweise helfen die Nachbarn.

2. Stellen Sie fest, ob der Verstorbene ein Testament hinterlassen hat. Mitunter finden die Hinterbliebenen auch mehrere schriftliche Testamente oder andere Schriftstücke, die auf eine letztwillige Verfügung hindeuten. Welches dieser

Dokumente gültig ist, wird später das Nachlassgericht entscheiden.

3. Schalten Sie eine Todesanzeige (damit können Sie meist auch den Bestatter beauftragen).

4. Melden Sie den Sterbefall beim Standesamt und lassen Sie eine Sterbeurkunde ausstellen (das kann auch ein anderer Angehöriger für Sie erledigen). Hierzu müssen Sie folgende Unterlagen vorlegen:

   a) Totenschein
   b) Personalausweis des/der Verstorbenen
   c) Geburtsurkunde der/des Verstorbenen bei Unverheirateten
   d) Eheurkunde oder Familienstammbuch bei Verheirateten
   e) Eventuell Scheidungsurteil, sofern nicht wieder verheiratet.

5. Hatte der Verstorbene eine Lebensversicherung, so müssen Sie diese umgehend über den Todesfall unterrichten. Zunächst genügt meist eine telefonische Information. Die notwendigen Unterlagen, vor allem die Sterbeurkunde im Original, können Sie später (aber nicht zu spät!) nachreichen. Wird der Lebensversicherer nicht umgehend informiert, kann es zu Verzögerungen bei der Auszahlung der Versicherungsleistung kommen.

Maßnahmen innerhalb von 48 Stunden:

1. Informieren Sie alle anderen Versicherungen des Verstorben (Kfz-Haftpflicht, Hausrat, Rechtsschutz usw.) und kündigen Sie die Policen.

2. Bei Mietwohnungen: Kündigen Sie die Wohnung innerhalb der gesetzlichen Kündigungsfrist von drei Monaten.

3. Informieren Sie gegebenenfalls den Arbeitgeber.

4. Terminabsprache und Trauergespräch mit dem Pfarrer oder Trauerredner.

5. Grabschmuck für Trauerhalle und Grab bestellen.

Maßnahmen nach der Beisetzung:

1. Kündigung sämtlicher Vereinsmitgliedschaften und Abos.

2. Kündigung des E-Mail-Accounts (sofern Zugangsdaten vorhanden).

3. Abmelden bei Rentenkasse, Krankenkasse, Behörden usw.

Praxistipp:

Wichtige Hinweise, was im Fall der Fälle zu unternehmen ist, finden Sie im Internet unter der Adresse www.todesfall-checkliste.de

Das erledigt das Bestattungsunternehmen auf Wunsch für Sie:

- Persönliche Beratung im Todesfall (was ist zu tun?)
- Bergung und Transport des Verstorbenen
- Überführung der Leiche im Inland und ins Ausland
- Auswahl eines passenden Sarges oder einer Urne
- Beurkundung beim Standesamt
- Veranlassung von Todesanzeigen in Zeitungen
- Vermittlung von Geistlichen oder Nachrufsprechern
- Vermittlung von besonderen Bestattungsarten (z.B. Seebestattung).

Wichtig: Die Sterbeurkunde muss spätestens am dritten Werktag nach dem Todesfall beantragt werden (siehe § 28 Personenstandsgesetz PStG). In § 29 dieses Gesetzes ist zudem geregelt, wer die Sterbeurkunde beantragen kann:

§ 29
Anzeige durch Personen

(1) Zur Anzeige sind verpflichtet:

1. Jede Person, die mit dem Verstorbenen in häuslicher Gemeinschaft gelebt hat
2. Die Person, in deren Wohnung sich der Sterbefall ereignet hat
3. Jede andere Person, die bei dem Tod zugegen war oder von dem Sterbefall aus eigenem Wissen unterrichtet ist.

Eine Anzeigepflicht besteht nur, wenn eine in der Reihenfolge früher genannte Person nicht vorhanden oder an der Anzeige gehindert ist.

(2) Ist mit der Anzeige ein bei einer Handwerkskammer oder Industrie- und Handelskammer registriertes Bestattungsunternehmen beauftragt, so kann die Anzeige auch schriftlich erstattet werden.

Da Sie die Sterbeurkunde bei mehreren Ämtern vorlegen müssen, empfiehlt es sich, dieses Dokument gleich in mehrfacher Ausfertigung ausstellen zu lassen.

»Nur der Tod ist umsonst«, heißt es umgangssprachlich. Doch auch die Bestattung eines Menschen geht mit erheblichem finanziellen Aufwand für das Bestattungsunternehmen, aber auch für Gebühren sowie weitere Nebenkosten einher. Wer diese Kosten trägt, ist im BGB klar geregelt: der oder die

Erben (siehe § 1986 BGB). Das heißt, Sie müssen schon sehr kurzfristig einen hohen Geldbetrag zur Verfügung haben, wenn Sie nicht Ihre eigenen Reserven angreifen möchten. Es macht also durchaus Sinn, wenn der Verstorbene noch zu Lebzeiten seinem Ehepartner oder einem seiner Kinder eine über den Tod hinaus geltende Bankvollmacht erteilt. Damit ist sichergestellt, dass der Bevollmächtigte schon kurzfristig Geld vom Konto des Verstorbenen abheben und Rechnungen bezahlen kann, die im Zusammenhang mit der Beisetzung stehen.

Erbe annehmen oder ausschlagen?

Sobald Sie den ersten Schock nach dem Todesfall einigermaßen verarbeitet haben, sollten Sie darüber nachdenken, ob Sie das Ihnen zustehende Erbe überhaupt annehmen wollen. Es ist von Vorteil, wenn Sie sich diese Frage schon vor dem Antrag auf einen Erbschein bei Gericht beantworten können (ich werde auf das Thema »Erbschein« gleich näher eingehen). Denn ansonsten kann allein schon dieser Antrag als Zeichen gewertet werden, dass Sie bereit sind, die Erbschaft anzunehmen.

Hinterlässt der Erblasser mehr Schulden als Vermögen, müssen Sie nicht lange überlegen. Bitte beachten Sie: Die Frist zur Ausschlagung eines Erbes beträgt sechs Wochen. Diese Frist beginnt, sobald:

- Der Erbfall eingetreten, also der Erblasser verstorben ist (Sie können also nicht schon vor dem Tod des Erblassers dessen Erbe ausschlagen)
- Sie wissen, dass Sie Erbe sind aufgrund der gesetzlichen Erbfolge (siehe Kapitel 1) oder aufgrund einer letztwilligen Verfügung.

Die Ausschlagung Ihres Erbes können Sie innerhalb der erwähnten sechswöchigen Frist entweder zur Niederschrift bei Gericht oder in öffentlich beglaubigter Form erklären. Wenn Sie also einen Brief an das zuständige Gericht schreiben, muss Ihre Unterschrift notariell beglaubigt werden.

Bedenken Sie auch: Ihre Entscheidung ist bindend. Sie können später also die Erbausschlagung nicht rückgängig machen. Ein solcher Schritt will also wohl überlegt sein. Das gilt auch umgekehrt: Wenn Sie das Erbe annehmen, können Sie es später, wenn Sie zum Beispiel wegen der hohen Schulden des Erblassers plötzlich »kalte Füße« bekommen, nicht mehr nachträglich ausschlagen.

Praxistipp:

Nehmen Sie die Vermögenssituation des Verstorbenen erst einmal genauer unter die Lupe. Wie hoch ist das Vermögen, wie hoch sind die Verbindlichkeiten (siehe Checklisten)? Schulden allein sind nicht immer ein Entscheidungskriterium. Wenn der Verstorbene zum Beispiel eine Eigentumswohnung von einem

Verkehrswert von 350.000 Euro besaß, die allerdings noch mit 50.000 Euro belastet ist, dann macht es relativ wenig Sinn, dieses Erbe auszuschlagen. Oder aber der Verstorbene besaß zum Beispiel eine seltene und daher sehr wertvolle Gemäldesammlung, um die ihn der Erbe schon immer beneidete. Er möchte diese Sammlung unbedingt besitzen und nimmt dafür auch Nachlassschulden in Höhe von 50.000 Euro in Kauf.

Um zu verhindern, dass Sie mit Ihrem privaten Vermögen für die hinterlassenen Schulden des Verstorbenen haften müssen, ist es nicht erforderlich, die komplette Erbschaft auszuschlagen. Vielmehr ist es möglich, die Haftung für die geerbten Schulden auf die sogenannte Erbmasse zu beschränken. Das heißt, eventuelle Gläubiger des Verstorbenen können ihre Forderungen nur bis zur maximalen Höhe der Erbschaftsmasse geltend machen. An Ihr privates Vermögen kommen sie indessen nicht heran. Es handelt sich sozusagen um »eine Erbschaft mit beschränkter Haftung«. Hierzu müssen Sie die Nachlassverwaltung beim Nachlassgericht oder das Nachlassinsolvenzverfahren beim Amtsgericht als Insolvenzgericht beantragen.

Vielleicht sind Sie als Erbe auch in der wenig beneidenswerten Situation, dass Sie die tatsächlichen Verbindlichkeiten des Verstorbenen noch gar nicht überblicken. Sie wissen also nicht, was noch auf Sie zukommen könnte. Dann sollten Sie ein sogenanntes Aufgebotsverfahren initiieren. Sie beantragen beim Nachlassgericht, alle Gläubiger des Erblassers aufzufordern, dem Gericht innerhalb einer bestimmten Frist mitzuteilen, was ihnen der Erblasser noch schuldet. Nach Fristablauf erlässt das Gericht auf Antrag ein Ausschlussurteil. Nun werden aus der Erbmasse zunächst alle Gläubiger befriedigt, die sich fristgemäß gemeldet haben. Wer hingegen zu spät kommt, den bestraft auch in diesem Fall das Leben. Er bekommt nur noch das, was am Ende von der Erbmasse übrig bleibt. Reicht das nicht aus, um seine Ansprüche zu befriedigen, hat er Pech gehabt. An das Privatvermögen des Erben kommt er jedenfalls nicht heran.

Checkliste: Wie hoch ist der Vermögenswert der Hinterlassenschaft?

Guthaben auf Girokonten...

Guthaben auf Sparkonten...

Aktien/Wertpapiere...

Immobilien...

Bausparverträge...

Versicherungen...

Beteiligungen oder Eigentum an Unternehmen...

Offene Forderungen...

Wertgegenstände..

Checkliste: Wie hoch sind die Schulden des Erblassers?

Hypothekenschulden auf Immobilien................................

Ratenkredite/Dispokredite..

Steuerschulden...

Mietschulden..

Weitere Verbindlichkeiten (z.B. aus Leasingverträgen)..

Checkliste: Wie hoch sind die Erbfallschulden?

Bestattungskosten..

Pflichtteilsansprüche..

Vermächtnisse..

Auflagen..

»Voraus« (siehe Kapitel 1)...

Gebühren (Testamentseröffnung usw.)..............................

Testamentsvollstreckerhonorar...

Unterhaltsansprüche...

Erbschaftsteuer...

Wie kommen Sie zu Ihrem Erbe?

Ganz gleich, ob Sie das Erbe anzutreten gedenken oder nicht: Wenn Sie in den Unterlagen ein Testament, einen Erbvertrag oder entsprechende Entwürfe finden, müssen Sie diese umgehend dem Nachlassgericht vorlegen, ansonsten machen Sie sich wegen Urkundenunterdrückung strafbar.

Der Weg zu Ihrem Erbe führt in vielen Fällen über einen entsprechenden Erbschein. Dieses amtliche Dokument weist Sie als Erben aus. Ein Erbschein ist dann erforderlich, wenn der Erblasser kein notarielles Testament oder einen Erbvertrag hinterlassen hat, wenn also lediglich ein privates, handschriftliches Testament vorliegt. Ansonsten reicht die beglaubigte Kopie des notariellen Testaments beziehungsweise des Erbvertrags neben dem gerichtlichen Eröffnungsprotokoll aus, um sie als Erben auszuweisen.

Einen Erbschein beantragen Sie entweder beim Notar oder beim Nachlassgericht. Liegt kein Testament vor, müssen Sie anhand von Dokumenten beweisen, dass Sie entsprechend der gesetzlichen Erbfolge der gesetzliche Erbe sind. Erbt zum Beispiel die Ehefrau, so muss sie etwa die Heiratsurkunde vorlegen. Erben die Kinder, ist die Vorlage der Geburtsurkunden notwendig. Gibt es ein Familienstammbuch des Verstorben, so nehmen Sie auch dieses mit zum Notar oder zum Nachlassgericht.

Um einen Erbschein zu beantragen, sollten Sie zunächst einen Termin beim Notar oder im Amtsgericht vereinbaren. Dort legen Sie dann folgende Dokumente im Original oder in beglaubigter Abschrift vor:

- Ihren Personalausweis oder Reisepass
- Sterbeurkunde des Verstorbenen
- Testament/Erbvertrag (soweit vorhanden)
- Geburts- und Sterbeurkunden aller Erben beziehungsweise vorverstorbener Erben
- Anschriften aller Erben.

Im nächsten Schritt müssen Sie ein Formular ausfüllen, aus dem der Wert des Nachlasses hervorgeht, denn dieser ist die Grundlage für die nicht unbeträchtlichen Kosten eines Erbscheins. Dabei werden auch die Schulden des Erblassers berücksichtigt. Konkret: Eventuell bestehende Schulden des Verstorbenen werden vom Guthaben abgezogen. Für die Erteilung eines Erbscheins werden Sie übrigens gleich zweimal zur Kasse gebeten – zum einen für die Erteilung selbst und zum anderen für die eidesstattliche Versicherung, mit der Sie Ihre Angaben im Antrag glaubhaft machen. Bei einem Nachlasswert von beispielsweise 110.000 Euro zahlen Sie insgesamt 546 Euro (Stand: 2016). Beauftragen Sie einen Notar, werden zusätzlich zu dessen Gebühr 19 Prozent Mehrwertsteuer fällig.

Der Erbschein wird als Alleinerbschein oder als gemeinschaftlicher Erbschein für alle Miterben beziehungsweise als Teilerbschein für jeden Miterben gesondert erteilt.

Nun brauchen Sie nur noch Geduld. Denn selbst wenn Sie bei Gericht oder beim Notar alle benötigten Unterlagen vorlegen, kann es mehrere Wochen dauern, bis Ihnen der Erbschein zugestellt wird. Manche Justizbehörden bitten die Bürger sogar, in den ersten sechs Wochen von Nachfragen nach dem Bearbeitungsstand des Erbscheins abzusehen, da durch jede Antwort des Gerichts die Bearbeitung verzögert werde.

Praxistipp:

Grundsätzlich kann die Bank des Verstorbenen von Ihnen als Erbe die Vorlage eines Erbscheins verlangen, falls Sie dem Geldinstitut nicht persönlich bekannt sind und überdies kein notarielles Testament des Erblassers vorhanden ist. Sollten Sie vom Verstorbenen zu dessen Lebzeiten aber eine über den Tod hinaus gültige Vollmacht auf die Konten bekommen haben, können Sie über die Guthaben verfügen und andere Dispositionen treffen, also zum Beispiel Überweisungen, Kündigung von Daueraufträgen usw. Auch wenn der Verstorbene nur ein kleines Vermögen von ein paar Hundert oder Tausend Euro hinterlässt, verzichten die Banken in der Regel auf die Vorlage eines Erbscheins.

Wichtig: Das Geldinstitut darf in seinen Allgemeinen Geschäftsbedingungen (AGB) keine Klausel aufnehmen, wonach ausnahmslos die Vorlage eines Erbscheins notwendig ist. Das hat der Bundesgerichtshof entschieden (BGH, Az: XI ZR401/12). Im konkreten Fall enthielten die AGB einer Sparkasse eine Klausel, wonach das Institut nach dem Tod des Kunden zur Klärung der rechtsgeschäftlichen Berechtigung die Vorlage eines Erbscheins verlangen darf. Diese generelle Klausel erklärte der BGH für unwirksam. Der Erbe könne seine Berechtigung auch anderweitig nachweisen, zum Beispiel durch die Vorlage eines notariellen Testaments.

Die Testamentseröffnung

Wie bereits erwähnt ist der Erbe verpflichtet, das ihm gegebenenfalls vorliegende handschriftliche Testament des Verstorbenen dem Nachlassgericht zukommen zu lassen. Befindet sich hingegen ein Testament oder ein Erbvertrag in amtlicher Verwahrung, so erfährt das Nachlassgericht automatisch von diesem Dokument. In der nächsten Phase eröffnet das Gericht das Testament oder den Erbvertrag, vermerkt dies auf dem Schriftstück und fertigt ein Protokoll an. Die beteiligten Personen erhalten nun Abschriften des Protokolls sowie des Testaments beziehungsweise des Erbvertrags. Überdies kann das Nachlassgericht einen Termin zur Eröffnung bestimmen, zu dem die gesetzlichen Erben und sonstigen Beteiligten (zum Beispiel Vermächtnisnehmer sowie Testamentsvollstrecker) geladen werden, was allerdings eher selten vorkommt.

Sind Sie, ein anderer Erbe oder ein Pflichtteilsberechtigter der Meinung, dass Sie durch die letztwillige Verfügung in irgendeiner Weise benachteiligt oder übergangen wurden, haben Sie die Möglichkeit, die letztwillige Verfügung des Verstorbenen anzufechten.

Neben der Übergehung eines Pflichtteilsberechtigten gibt es weitere Gründe zur Anfechtung eines Testaments, als da wären:

- → Formunwirksamkeit (der Erblasser hat sein Testament zum Beispiel nicht handschriftlich angefertigt)
- → Testierunfähigkeit (der Betreffende litt beim Abfassen seines Testaments schon an fortgeschrittener Demenz)
- → Einflussnahme anderer Personen auf das Testament, eventuell verbunden mit widerrechtlichen Drohungen
- → Inhalts- oder Erklärungsirrtum (Irrtümer beim Abfassen des Testaments)
- → Gesetzliche Verbote und Sittenwidrigkeit (hier sind insbesondere die Heimgesetze bei Zuwendungen an Kranken- und Pflegeheime und deren Mitarbeiter relevant).

Beachten Sie bitte ferner die folgenden fünf wichtigen Punkte:

1. Die Anfechtung ist gegenüber dem Nachlassgericht zu erklären.

2. Die Anfechtungsfrist beginnt zu dem Zeitpunkt, da der Anfechtungsberechtigte vom Anfechtungsgrund Kenntnis erlangt. Es gilt eine Frist von einem Jahr. Wird der Anfechtungsgrund erst später bekannt, kann nur dann angefochten werden, wenn seit dem Erbfall noch keine 30 Jahre vergangen sind.

3. Aus der Erklärung zur Anfechtung der letztwilligen Verfügung muss hervorgehen, welche Verfügungen angefochten werden.

4. Wird eine letztwillige Verfügung zum Beispiel wegen Testierunfähigkeit erfolgreich angefochten, ist das Testament unwirksam. Dann gilt entweder die gesetzliche Erbfolge oder die Regelung aus einem früheren Testament (das kann unter Umständen nachteilig für den Anfechtenden sein). Daher sollte man sich vor der Anfechtung einer letztwilligen Verfügung unbedingt von einem Fachanwalt beraten lassen. Niemals in der ersten Verärgerung, weil das Testament nicht so ausgefallen ist wie erhofft, vorschnell anfechten.

5. Wird ein Testament angefochten, ist der Streit in der Erbengemeinschaft oft programmiert.

Niemand kann einfach enterbt werden

Der selbstständige Handwerksmeister Herbert A. hat zwei Söhne, die unterschiedlicher nicht sein könnten. Sohn Max arbeitet regelmäßig im kleinen Betrieb seines Vaters mit und versteht sich auch sonst sehr gut mit dem Senior, Sohn Otto hingegen liegt andauernd im Clinch mit seinem Vater. Einmal eskalieren die Auseinandersetzungen zwischen den beiden Streithähnen so heftig, dass Vater Herbert ankündigt, seinen Sohn Otto zu enterben. Und tatsächlich ändert er sein Testament. Als der Handwerksmeister wenige Monate später stirbt, freut sich Max, nun die gesamte Hinterlassenschaft seines Vaters zu erben. Denn Otto würde ja leer ausgehen – denkt er. Doch da hat Max die Rechnung ohne den Gesetzgeber gemacht. Denn Otto hat Anspruch auf den sogenannten Pflichtteil.

Wie das? Nach dem deutschen Erbrecht haben Kinder, Ehepartner oder eingetragene Lebenspartner sowie Eltern, falls keine Kinder vorhanden sind, auch dann Anspruch auf einen Teil des Nachlasses, wenn sie enterbt wurden. Dieser Pflichtteil beträgt immer die Hälfte des Wertes des gesetzlichen Erbteils.

Hinterlässt beispielsweise der verstorbene Witwer zwei Kinder, so beträgt der gesetzliche Erbteil der Sprösslinge jeweils 50 Prozent. Daraus ergäbe sich ein Pflichtteilsanspruch in Höhe von 25 Prozent. Trotz einer möglichen Enterbung erhielte ein Kind über den Pflichtteil also immer noch ein Viertel des Vermögens. Bei einem Gesamtnachlass von 200.000 Euro beträgt der gesetzliche Erbteil für jedes Kind somit 100.000 Euro und der Pflichtteil demnach 50.000 Euro.

Wichtig: Das Tückische an dieser Sache ist, dass der Anspruch auf einen Pflichtteil immer ein Geldanspruch ist. Besteht der Nachlass also überwiegend aus Sachwerten – zum Beispiel Immobilien –, so müssen die Erben diese Objekte häufig verkaufen, um die Ansprüche eines Pflichtteilsberechtigten erfüllen zu können. Allerdings kann man eine Stundung des Pflichtteils beantragen, wenn die sofortige Erfüllung des gesamten Anspruchs wegen der Art der Nachlassgegenstände eine unbillige Härte wäre – so formulieren es die Juristen. Letztlich entscheidet das Nachlassgericht über die Gewährung und die Dauer einer Stundung.

Es besteht jedoch die Möglichkeit, durch »strategische Schenkungen« den Pflichtteilsanspruch zu verringern. Allerdings haben in einem solchen Fall die Pflichtteilsberechtigten einen Pflichtteilsergänzungsanspruch. Nach neuem Recht findet aber eine Schenkung für die Berechnung des Pflichtteilsergänzungsanspruchs immer weniger Berücksichtigung, je länger sie zeitlich zurückliegt. Hat eine Schenkung nur ein Jahr vor dem Erbfall stattgefunden, wird sie zu 100 Prozent bei der Berechnung mit berücksichtigt. Im zweiten Jahr jedoch nur noch zu 90 Prozent usw. Nach zehn Jahren besteht kein Pflichtteilsergänzungsanspruch mehr.

Praxisbeispiel:

Ein Vater schenkt seinem Sohn ein Haus im Wert von 400.000 Euro, die Tochter soll leer ausgehen. Nach elf Jahren stirbt der Vater, der Pflichtteilsergänzungsanspruch beträgt mithin 0 Euro. Der Tochter steht dann nur noch ein Pflichtteil von dem verbliebenen (geringen) Resterbe zu.

Wann kann der Pflichtteil vollständig entzogen werden?

Nur bei schweren schuldhaften Verfehlungen ist eine Entziehung des Pflichtteilsanspruchs ausnahmsweise möglich. Dies ist beispielsweise der Fall, wenn Abkömmlinge, also Kinder, Enkel und Urenkel, dem Erblasser, dem Ehegatten des Erblassers, einem anderen Abkömmling oder einer nahestehenden

Person, wie dem Lebenspartner oder dem Stiefkind, nach dem Leben trachten.

Wenn Konflikte das Erbe vernichten

Wie bereits erwähnt sind in sogenannten Erbengemeinschaften Konflikte häufig programmiert. Erbengemeinschaften entstehen regelmäßig dann, wenn nicht ein Alleinerbe die Hinterlassenschaften des Verstorbenen übernimmt, sondern mehrere Nachfolger bedacht werden sollen oder müssen. Hat der Erblasser nichts anderes verfügt, wird der Nachlass gemeinschaftliches Vermögen. Das heißt im Klartext: Alle Mitglieder der Erbengemeinschaft haben das gleiche Recht auf die ganze Immobilie, das ganze Auto oder das ganze Unternehmen. Keiner in der Erbengemeinschaft darf ohne die Zustimmung der anderen einzelne Gegenstände an sich nehmen oder veräußern. Und genau das macht Erbengemeinschaften oftmals so problematisch. Vor allem dann, wenn es sich um schwer teilbare Gegenstände wie eine Immobilie handelt.

Praxisbeispiel:

Angenommen, die Erbengemeinschaft besteht aus den Kindern Matthias, Eva und Sabine. Bis es zu einer möglichen Teilungseinigung kommt, müssen die drei gemeinschaftlich den Nachlass verwalten, wozu in erster Linie eine Immobilie gehört. Schon mögliche teure Reparaturen, die an dem Objekt vorgenommen werden müssen, oder auch der Umgang mit Mietern kann in solchen Situationen heftigen Streit hervorrufen. Schlimmer noch: Nach den Erfahrungen von Fachanwälten ziehen sich solche Konflikte mitunter über Jahre hin.

Wollen Sie als Miterbe das Ende einer solch höchst unerquicklichen Auseinandersetzung nicht abwarten, so haben Sie mehrere Möglichkeiten, rascher an Ihr Geld zu kommen:

1. Lassen Sie sich Ihr Erbteil auszahlen

Folgender fiktiver Fall: Der Erblasser vererbt seinen Kindern Max, Sabine und Nicole unter anderem eine Immobilie. Nicole ist chronisch knapp bei Kasse und möchte das Haus am liebsten so schnell wie möglich verkaufen, um Geld aufs Konto zu bekommen. Sabine und Max hingehen wollen das elterliche Haus, in dem sie aufgewachsen sind, auf keinen Fall verkaufen. Sabine jedoch möchte regelmäßige Einnahmen aus ihrer Erbschaft generieren und plädiert dafür, die Immobilie komplett zu vermieten. Max hingegen ist schon lange auf der Suche nach einer größeren Wohnung und will unbedingt selbst in die geerbte Immobilie einziehen.

In einem solchen Fall kann ein Auseinandersetzungsvertrag das Problem lösen. Darin wird festgelegt, wer das Haus als neuer Eigentümer übernimmt. Dieser kann dann frei entscheiden, ob er die Immobilie vermietet oder selbst einzieht. Allerdings haben die Miterben Anspruch auf einen entsprechenden finanziellen Ausgleich. Ein solcher Vertrag stellt den Regelfall bei der Teilung des Nachlasses dar und ist ein friedlicher und meist vermögensschonender Weg für die Erbengemeinschaft.

2. Verkaufen Sie Ihren Erbteil

Sollte Ihnen das alles jedoch zu lange dauern und Sie es vorziehen, komplett aus der Erbengemeinschaft auszusteigen, so können Sie Ihren gesamten Anteil veräußern. Als potenzielle Käufer kommen ein Miterbe, alle Miterben oder auch ein außenstehender Dritter in Betracht. Eine Übertragung bezieht sich jedoch nur auf den entsprechenden Erbteil insgesamt, nicht jedoch auf bestimmte Vermögensgegenstände, und bedarf der notariellen Beurkundung. Einen interessanten Weg der Veräußerung bietet seit einiger Zeit die Plattform www.einfacherben.de. Dort können sich willige Verkäufer und interessierte Käufer zusammenfinden.

Doch bedenken Sie: Die anderen Miterben haben immer ein Vorkaufsrecht. Dieses soll das Eindringen unerwünschter Dritter in die Erbengemeinschaft verhindern und muss binnen einer Frist von zwei Monaten ausgeübt werden. Wollen die Erben von ihrem Vorkaufsrecht Gebrauch machen, können sie das innerhalb der Frist sogar dann noch tun, wenn der Vertrag über das Erbteil mit einem Außenstehenden bereits unterschrieben ist. Der Käufer geht dann leer aus.

»Last exit«: Nachlass versteigern

Ist keine Einigung unter den Miterben zu erzielen, hat jeder in der Erbengemeinschaft das Recht, die sogenannte Teilungsversteigerung beim Amtsgericht zu beantragen. In diesem Fall wird die Zwangsversteigerung, etwa einer Nachlassimmobilie, angeordnet. Der Versteigerungserlös fließt dann in den Nachlass. Oftmals genügt schon die Androhung der Versteigerung, um die Miterben zur Vernunft zu bringen. Das ist nachvollziehbar, denn bei der Versteigerung einer Immobilie wird selten ein fairer Preis erzielt.

Mein Tipp:

Erbrechtsexperten empfehlen allen Erblassern, rechtzeitig durch entsprechende detaillierte Zusatzbestimmungen im Testament – wie etwa Teilungsanordnungen, Vermächtnisse oder Testamentsvollstreckung – das zunehmende Risiko von später teuren Streitigkeiten in einer Erbengemeinschaft einzugrenzen.

Erbschafts-Mediation – Einigung am runden Tisch

Anwälte schätzen, dass etwa jede fünfte Erbschaft in einem Rechtsstreit endet. Das heißt, letztlich entscheiden die Gerichte. Doch einmal abgesehen von der Tatsache, dass eine solche Auseinandersetzung in der Regel lange Zeit in Anspruch nimmt und nicht gerade billig ist, lässt sich der innerfamiliäre Frieden mit einem Urteil nur sehr bedingt herstellen – wenn überhaupt. Meistens ist es so, dass die obsiegende Partei triumphiert, während der »Verlierer« sich ungerecht behandelt fühlt. Zwischen beiden Parteien ist das Tischtuch dann meist auf Dauer zerschnitten.

Sollte es in Ihrem Fall ebenfalls zu Streitigkeiten kommen, die Sie mit einem vernünftigen Gespräch im Kreis der Erbengemeinschaft nicht lösen können, müssen Sie nicht gleich die Gerichte bemühen. Seit einigen Jahren gibt es eine sinnvolle und preisgünstigere Alternative: die Mediation. Grundlage hierfür ist das »Gesetz zur Förderung der Mediation und anderer Verfahren der außergerichtlichen Konfliktbeilegung«.

Und so funktioniert es: Die Kontrahenten einigen sich auf einen unbeteiligten Dritten, den Mediator. Dies kann, muss aber nicht zwingend ein Rechtsanwalt sein. Bei der Suche nach Mediatoren hilft Ihnen eine einfache Recherche im Internet.

Wichtig: Alle Beteiligten müssen diesem Mediator zustimmen. Dieser unterbreitet am Ende des Verfahrens einen Mediationsvorschlag, dem Sie zustimmen oder den Sie ablehnen können. Lehnt eine Partei ab, ist das Mediationsverfahren gescheitert. Dann bleibt nur noch der Gang vor das Gericht. In der Praxis zeigt sich aber, dass ein erfahrener und emphatischer Mediator häufig in der Lage ist, die Streithähne ins Gespräch zu bringen und die Emotion, die oftmals einer vernünftigen Einigung im Wege steht, aus dem Streit herauszunehmen. Die Kosten für eine Erbschafts-Mediation werden in vielen Fällen von Ihrer Rechtsschutzversicherung übernommen.

Der Testamentsvollstrecker – verlängerter Arm des Erblassers

Um solche Streitigkeiten von vornherein nach Möglichkeit zu verhindern, setzen Erblasser oft einen Testamentsvollstrecker ein. Im Testament oder Erbvertrag findet sich dann zum Beispiel folgende Passage:

> *»Zur Vermeidung von eventuellen Streitigkeiten und um eine neutrale und objektive Abwicklung sicherzustellen, ordne ich an, dass Herr Steuerberater Dr. Helmut Zahlenmeister als mein Testamentsvollstrecker die Auseinandersetzung der Erbschaft nach billigem Ermessen regelt…«*

Der Testamentsvollstrecker kann für Sie und für Ihre Miterben ein völlig fremder Mensch sein. Hat nämlich der Erblasser in seinem Testament oder Erbvertrag die Einsetzung eines Testamentsvollstreckers angeordnet, allerdings keine entsprechende Person ernannt, so wird dieser vom Nachlassgericht bestimmt.

Was bedeutet dies für Sie als Erbe? Zunächst einmal, dass weder Sie noch Ihre Miterben sofort über den Nachlass des Verstorbenen verfügen können. Dazu ist für eine Übergangszeit der Testamentsvollstrecker zuständig. Dieser hat die Aufgaben, den Nachlass entsprechend den letztwilligen Verfügungen des Erblassers abzuwickeln. Bindende Zeitrahmen, innerhalb derer dies geschehen muss, gibt es nicht. Ihm steht hierfür ein »angemessener Zeitraum« zur Verfügung. Das ist natürlich eine dehnbare Formulierung. Angemessen erscheinen in der Praxis einige Wochen, in schwierigen Fällen auch Monate. Muss der Testamentsvollstrecker zum Beispiel ein Grundstück verkaufen, sollte dies spätestens nach zwei Jahren geschehen sein. Druck machen können Sie als Erbe allerdings nicht. Ebenso wenig dürfen Sie dem Testamentsvollstrecker Weisungen erteilen. Hierfür gibt es keine rechtliche Handhabe. Allerdings: Entsteht den Erben Schaden aufgrund einer fehlerhaften Abwicklung, können sie beim Nachlassgericht die Entlassung des Testamentsvollstreckers beantragen und Schadenersatzansprüche geltend machen. Überdies ist der Testamentsvollstrecker verpflichtet, regelmäßig Rechenschaft über seine Arbeit abzulegen. Auch wenn Sie dem Testamentsvollstrecker keine Vorschriften machen dürfen – schauen Sie ihm ruhig sehr genau auf die Finger, schließlich verwaltet der Betreffende mitunter ein beträchtliches Vermögen. Und schon mehr als einmal ist es vorgekommen, dass unseriöse Vollstrecker das Geld verjubelten und die Erben mangels Masse leer ausgingen.

Die Aufgaben und Vollmachten eines Testamentsvollstreckers sind erstaunlich weitreichend. So ist er zum Beispiel auch verpflichtet, für die Erben die Erbschaftsteuererklärung abzugeben. Sofern er es für notwendig erachtet, kann der Vollstrecker sogar Kredite zur Regelung des Nachlasses aufnehmen.

Handelt es sich um eine sogenannte Auseinandersetzungsvollstreckung, dann wird der Testamentsvollstrecker den Nachlass entsprechend den Wünschen des Erblassers an die Erben und Vermächtnisnehmer aufteilen und gegebenenfalls auf die Erfüllung von Auflagen achten. Nach Regelung der erbschaftsteuerlichen Angelegenheiten ist die Arbeit des Testamentsvollstreckers beendet.

Anders bei den eher seltenen Dauertestamentsvollstreckungen (oft auch Verwaltungsvollstreckung genannt). Diese Form wird häufig gewählt, wenn zum Beispiel eine Firma vererbt wird und der Erbe noch nicht volljährig ist. Sinn macht eine Dauertestamentsvollstreckung ferner, wenn ein behindertes Kind erbt. Der Vollstrecker verwaltet in diesem Fall den Nachlass für das Kind. Normalerweise endet eine Dauertestamentsvollstreckung spätestens nach 30 Jahren. Sie kann jedoch in Ausnahmefällen auch noch einige Jahre länger dauern. Nicht zuletzt deshalb sollte der Erblasser einen Testamentsvollstrecker wählen, der deutlich jünger ist als er selbst.

Selbstverständlich hat der Testamentsvollstrecker Anspruch auf eine angemessene Vergütung. Diese tragen indirekt die Erben, denn das Honorar wird aus dem Nachlass bezahlt. Sofern es keine anderen Weisungen des Erblassers in dessen Testament oder Erbvertrag gibt, orientiert sich das Honorar an der sogenannten Neuen Rheinischen Tabelle des Deutschen Notarvereins (www.dnotv.de → Dokumente → Testamentsvollstrecker). Beträgt der Nachlasswert zum Beispiel 250.000 Euro, so steht dem Testamentsvollstrecker ein Honorar in Höhe von 10.000 Euro hinzu. Allerdings kann noch der eine oder andere Zuschlag hinzukommen. Das Honorar des Vollstreckers zählt zu den Nachlassverbindlichkeiten und wird bei der Berechnung der eventuell anfallenden Erbschaftsteuer entsprechend berücksichtigt.

Wenn Sie Schwarzgeld erben

Zumindest in Europa gibt es so gut wie keine Steueroasen mehr. Selbst in der Schweiz und im Fürstentum Liechtenstein sind Sie als »diskreter Anleger« nicht mehr willkommen. Die spektakulären Fälle von Klaus Zumwinkel und Uli Hoeneß haben die Regierungen ebenso wie die Öffentlichkeit sensibilisiert. Und dennoch kann es passieren, dass Sie Schwarzgeld erben. Was tun, ohne sich selbst strafbar zu machen?

Tatsächlich dürften noch immer viele Milliarden Euro unversteuert auf irgendwelchen Konten schlummern. Selbst beim geringsten Verdacht, dass es sich bei dem ererbten Vermögen um Schwarzgeld handeln könnte, sollten Sie mit Ihrem Steuerberater sprechen oder einen Fachanwalt aufsuchen, denn wenn die Erbschaft ganz oder teilweise aus unversteuertem Vermögen aus dem Ausland stammt, ist größte Vorsicht geboten. Wie erwähnt können Sie ein Erbe innerhalb von sechs Wochen nach Kenntnis des Erbfalles ausschlagen (wenn der Erbe oder der Erblasser im Ausland lebt, verlängert sich diese Frist sogar auf sechs Monate). Das sollten sich die Erben genau überlegen, denn diese treten in die Rechte und Pflichten des Erblassers ein, und dazu gehören auch steuerliche Pflichten. Vor allem sollten Erben aufpassen, wenn sie über unversteuertes Vermögen im Ausland stolpern. In diesem Fall sind sie nämlich verpflichtet, diesen nun bekannten Sachverhalt den Finanzbehörden zu offenbaren. Sie müssen also als Rechtsnachfolger des Verstorbenen für die Versteuerung der Erträge im Rahmen der Einkommensteuer aufkommen. Gleiches gilt auch für die Angabe des bisher »versteckten« Vermögens in der Erbschaftsteuererklärung.

Vorsicht: Kommen die Erben diesen steuerlichen Pflichten nicht nach, machen sie sich strafbar wegen der Nichtabgabe in der Erbschaftsteuererklärung und deshalb, weil sie auch zwangsläufig diese ererbten Kapitalerträge im Ausland in der eigenen Einkommensteuererklärung nicht angeben können oder wollen. Auch die nachzuzahlende Einkommensteuer für den Erblasser müssen die Erben tragen. Zumindest sind diese Steuer-Altlasten als sogenannte Nachlassverbindlichkeiten zu bewerten, welche die Erbmasse an sich und somit auch die anfallende Erbschaftsteuer verringern.

Wenn Erben gegenüber dem Finanzamt das Schwarzgeld des Erblassers und alle Sachverhalte offengelegt haben, müssen sie mit der Nachzahlung der Steuern zuzüglich sechs Prozent Zinsen pro Jahr auf die jeweils angefallenen Steuerbeträge sowie gegebenenfalls einem Strafzins von fünf Prozent rechnen, wenn Steuern in großem Ausmaß hinterzogen wurden. Kann der Erbe die hinterzogenen Steuern nicht auf einen Schlag nachzahlen und das Finanzamt lehnt eine Stundung ab, dann bleibt nur, bei der Vollstreckungsstelle eine Aussetzung des Vollzugs zu beantragen, dann allerdings werden sage und schreibe zwölf Prozent Zinsen pro Jahr fällig.

Allerdings bleibt den Erben etwas Zeit, um über das zweifelhafte Erbe nachzudenken, denn bis zum Zeitpunkt des Erbantritts hat der Erbe noch keine Pflichtverletzung begangen und sich auch nicht strafbar gemacht. Eine etwaige Offenlegung des Schwarzgeldes löst beim Erben noch keine Strafbarkeit aus, wenn dies in engem zeitlichen Zusammenhang mit dem Versterben des Erblassers geschieht.

Auch auf eine Verjährung zu hoffen, sei nicht die richtige Strategie, warnen erfahrene Steuerjuristen, denn die Erbschaftsteuer verjährt frühestens zehn Jahre nach dem Versterben des Erblassers. Und bis diese alte Steuerschuld verjährt ist, sind zumeist mindestens neun eigene Steuererklärungen der Erben unrichtig angegeben worden.

Kurzum: Wenn der Erblasser nicht steuerehrlich war, kann der Erbe sehr schnell in Teufels Küche kommen. Er sollte daher am besten vor seiner Entscheidung über die Annahme oder Ausschlagung des Erbes seinen Steuerberater und/oder einen Fachanwalt für Steuer(straf)recht zu Rate ziehen.

3. Sonderfälle: Vorsicht, Fallen!

Gehen wir von folgendem Fall aus: Sie sind Alleinerbe und Ihr verstorbener Vater hinterlässt Ihnen Bargeld, ein kleines Aktiendepot und mehrere Wertgegenstände. Ein langjähriger Freund des Erblassers wird mit einem Vermächtnis bedacht: Er soll die kostbare Briefmarkensammlung des Verstorbenen erhalten. In diesem Fall dürfte die Erbschaftsangelegenheit schnell abgewickelt sein – das Erbe ist übersichtlich, es sind keine Immobilien vorhanden und es gibt keine Erbengemeinschaft. Sie müssen nur die Briefmarkensammlung an den Vermächtnisnehmer aushändigen, der Rest gehört Ihnen. Doch leider sind die Dinge nicht immer so einfach. Wie auf den vorangegangenen Seiten dargelegt, ist Streit in vielen Fällen bereits vorprogrammiert, wenn eine Erbengemeinschaft entsteht. Noch komplizierter wird es, wenn der Erblasser die Mehrheit oder Minderheitsanteile an einem Unternehmen hielt, Eigentümer von mehreren Immobilien war oder Eigentum im europäischen Ausland besaß.

Sie erben ein Unternehmen oder Unternehmensanteile

Die Vererbung eines Unternehmens kann eine verzwickte Sache sein. Wie verzwickt, das hängt in der Regel von der Gesellschaftsform ab. Beginnen wir mit dem einfachsten Fall: Der Erblasser war Freiberufler (Arzt, Physiotherapeut, freier Journalist, Grafiker) oder Einzelunternehmer. Dann ist die Angelegenheit noch überschaubar. Ein Einzelunternehmen ist vererblich. Wenn zum Beispiel Ihr Vater möchte, dass sein Betrieb von Ihnen fortgeführt wird, so kann er dies dadurch erreichen, dass er Sie zum Alleinerben einsetzt und den verzichtenden Erben Vermächtnisse zuwendet. Natürlich sollten Sie dieses Thema mit Ihrem Vater noch zu dessen Lebzeiten besprochen haben, denn mit einem Einzelunternehmen übernehmen Sie die persönliche Haftung. Das bedeutet nicht mehr und nicht weniger, als dass Sie bei Annahme des Erbes mit Ihrem gesamten Vermögen haften. Sollten Sie dazu nicht bereit sein, wäre zu überlegen, die Firma schon zu Lebzeiten des Erblassers in eine Gesellschaft mit beschränkter Haftung (GmbH) umzuwandeln.

Für den Fall des Todes eines Freiberuflers helfen in vielen Fällen auch berufsständische Einrichtungen (wie etwa Kammern). Diese stehen den Erben bei der Fortführung des Unternehmens zur Seite.

Wichtig: Bei Freiberuflern ergeben sich oft Restriktionen aufgrund berufsständischer Regelungen. So können Sie zum Beispiel als Tochter eines Arztes oder Steuerberaters nach dessen Tod nicht einfach in die Praxis einsteigen.

War der Erblasser an einer Gesellschaft bürgerlichen Rechts (GbR) beteiligt, dann gibt es normalerweise nichts zu erben. Denn das Gesetz bestimmt, dass durch den Tod eines Gesellschafters die Gesellschaft aufgelöst wird. Es sei denn, es ist eine anderslautende vertragliche Regelung für den Fall vorhanden, dass ein Gesellschafter stirbt.

Grundsätzlich können Sie auch Anteile an einer GmbH erben. Es sei denn, der Gesellschaftervertrag sieht ein sogenanntes Einziehungsrecht vor. In diesem Fall können Anteile an einer GmbH mittels Gesellschafterbeschluss eingezogen werden. Dann wird der Erbe nicht Gesellschafter des Unternehmens.

Bei einer Offenen Handelsgesellschaft (OHG) führt der Tod eines Gesellschafters nicht zur Auflösung der Gesellschaft. Der verstorbene Gesellschafter scheidet vielmehr sozusagen posthum aus der Gesellschaft aus, sofern im Gesellschaftervertrag nichts anderes geregelt ist. In diesem Fall wird die OHG dann unter den verbleibenden Gesellschaftern fortgeführt. Gleiches gilt auch für die Vererbung eines Komplementäranteils einer Kommanditgesellschaft (KG). Allerdings können abweichende Regelungen vereinbart werden.

Fazit: Erblasser und potenzielle Nachfolger sollten sich frühzeitig über die Unternehmensübertragung verständigen, um Nachteile (auch steuerlicher Art) zu vermeiden. Ein Rechtsstreit unter Erben kann sogar gesunde Unternehmen längerfristig existenziell gefährden.

Sie erben eine Immobilie

In den nächsten Jahren wird die Zahl der vererbten Immobilien, die jetzt schon sehr hoch ist, weiter steigen. Schätzungen zufolge könnten in 2020 bis zu 64 Prozent der Erbschaften Häuser oder Eigentumswohnungen umfassen. Über 70 Prozent der späteren

Erben gehen davon aus, dass ihnen eine Immobilie zufallen wird. Nicht selten erben Nachkommen gleich mehrere Objekte. So kann man – zumindest auf dem Papier – relativ schnell zum Millionär werden. Doch ein Immobiliennachlass birgt Risiken, die Sie kennen sollten. Hier die wichtigsten im Überblick:

Risikobeispiel 1

Axel F. erbt von seiner verstorbenen Mutter eine Vierzimmer-Eigentumswohnung in Braunschweig. Da er Alleinerbe ist, braucht er keine Auseinandersetzungen in einer Erbengemeinschaft zu fürchten. Glück gehabt. Axel F. und seine Frau Doris leben und arbeiten aber schon seit vielen Jahren in Konstanz, also Hunderte Kilometer von Braunschweig entfernt. Sie wollen die Wohnung verkaufen, was sich jedoch als schwieriger erweist als gedacht. Die Erblasserin hat die Wohnung nämlich vor einigen Jahren an eine Familie vermietet. Axel F. erbt die Immobilie aber mit allen Rechten und Pflichten. Und dazu gehört auch der Mietvertrag mit der Familie, die in der nunmehr ihm gehörenden Wohnung lebt. Dessen ungeachtet kann er die Immobilie trotzdem veräußern. In diesem Fall übernimmt dann der Käufer den bestehenden Mietvertrag. In aller Regel ist mit einer vermieteten Wohnung jedoch ein schlechterer Verkaufspreis zu erzielen als mit einer freien Wohnung. Axel und Doris F. haben gehört, dass man auch bei geerbten Immobilien einen Mietvertrag wegen Eigenbedarfs kündigen kann. Ein Jurist im Verwandtenkreis des Ehepaars warnt jedoch: Eine Eigenbedarfskündigung ist nur dann möglich, wenn der Eigentümer zweifelsfrei nachweisen kann, dass er die Wohnung für sich oder nahe Angehörige benötigt. Eine bloße Behauptung reicht in keinem Fall.

Nun versucht der Erbe, das Mietverhältnis zu kündigen, weil er die Wohnung zu verkaufen beabsichtigt. Begründung: Der Verkauf einer vermieteten Wohnung würde ihm deutlich geringere Erlöse einbringen. Aber auch diese Strategie ist äußerst schwierig. Denn will der Erbe eine zum Nachlass gehörende, vermietete Wohnung verkaufen, so muss er zunächst versuchen, die Immobilie mit dem bestehenden Mietverhältnis zu veräußern. Kommt es zu einer gerichtlichen Auseinandersetzung, muss der Vermieter nachweisen, dass der Verkauf zu wirtschaftlich zumutbaren Bedingungen nicht möglich war. Als Beweis reichen Sachverständigengutachten oder Maklerauskünfte nicht aus, urteilte das OLG Stuttgart am 26. September 2005 (Az: 5U 73/05, ZMR 2006, 42).

Fazit: Sie erben eben nicht nur eine Immobilie, sondern auch einen eventuell bestehenden Mietvertrag mit allen Rechten und Pflichten.

Risikobeispiel 2

Sie erben ein Einfamilienhaus in bester Lage. Ein wahres Schmuckstück, denken Sie. Doch die Freude wird schnell getrübt, als Sie erfahren, dass auf der Immobilie noch hohe Schulden lasten. Der Erblasser hat sein Immobiliendarlehen in Zeiten sehr niedriger Zinsen nur mit dem Mindestsatz von jährlich einem Prozent der Darlehenssumme getilgt. Er hätte über 90 Jahre werden müssen, um sein Immobiliendarlehen komplett abzutragen. Außerdem erfahren Sie, dass der Erblasser auch noch Steuerschulden, ein überzogenes Konto und offene Handwerkerrechnungen hinterlässt. Lohnt es sich, das Erbe vor diesem Hintergrund anzutreten? Das hängt natürlich von Ihrer eigenen Vermögenssituation und dem Wert des Hauses ab. Liegt dieser deutlich höher als alle Verpflichtungen des Erblassers zusammen, verfügen Sie zudem über ein überdurchschnittliches Einkommen und möchten Sie in das Einfamilienhaus einziehen, um fortan Miete zu sparen, dann kann es sinnvoll sein, das Erbe anzutreten.

Fazit: Der tatsächliche Wert der Immobilie stellt ein wichtiges Entscheidungskriterium dar, ob Sie die Erbschaft antreten oder nicht. Zum Thema »Wertermittlung bei Immobilien« gleich mehr.

Risikobeispiel 3

Sie erben eine denkmalgeschützte Jugendstilvilla. Leider ist diese ziemlich heruntergekommen. Sie müssten eine deutlich sechsstellige Summe investieren, um das Gebäude zu sanieren. Zudem wäre es notwendig, alle Arbeiten mit der Denkmalbehörde abzustimmen. Sie könnten das Objekt natürlich verkaufen, erhielten in dessen jetzigem Zustand aber keinen attraktiven Preis. Also spielen Sie mit dem Gedanken, ein Darlehen aufzunehmen, die Villa sanieren zu lassen und dann selbst einzuziehen. Auch in diesem Fall sollten Sie vor Ihrer Entscheidung den tatsächlichen Wert der Immobilie ermitteln lassen. Außerdem müssen Sie sich darüber im Klaren sein, dass für ein solches Objekt hohe laufende Kosten anfallen. Können Sie sich das leisten und obendrein noch das Darlehen für den Modernisierungskredit zurückzahlen? Oder ist es nicht doch sinnvoller, die Villa in ihrem aktuellen Zustand zu verkaufen, selbst wenn der erzielbare Preis relativ gering ausfällt?

Fazit: Ob Sie ein solches Erbe antreten sollten, hängt neben dem fairen Wert des Objekts vor allem von Ihrer finanziellen Tragfähigkeit ab.

Risikobeispiel 4

Wenn Sie eine Immobilie erben, müssen Sie dafür Erbschaftsteuer zahlen. Allerdings gelten dabei hohe Freibeträge (auf dieses Thema gehe ich im nächsten Kapitel ein). Die Höhe der Erbschaftsteuer richtet sich nach dem Verkehrswert der Immobilie.

Risikobeispiel 5

Geldbesitz und Wertpapieranlagen sind einfach teilbar. Immobilien hingegen nicht. Oft haben die Erben unterschiedliche Vorstellungen, was sie mit dem Erbe anfangen möchten – renovieren, umbauen, vermieten, verkaufen oder selbst bewohnen. Wird eine geerbte Immobilie vermietet, sind meist Abstimmungen unter den Erben erforderlich. Sonst ist Streit programmiert.

Was ist Ihre ererbte Immobilie wert?

Klingt paradox, ist aber so: Bei einer Immobilie ist Wert nicht gleich Wert. Zu unterscheiden sind:

- Der Verkehrswert (Marktwert der Immobilie). Dieser Wert ist relevant, wenn Sie das ererbte Objekt verkaufen möchten.
- Der Sachwert (weitgehend identisch mit dem Verkehrswert)
- Der Ertragswert (wichtig, wenn Sie die ererbte Immobilie vermieten möchten)
- Der Beleihungswert (wichtig, wenn Sie die ererbte Immobilie als Sicherheit für **ein Darlehen einsetzen möchten**).

Den Verkehrswert einer Immobilie bestimmen

Die Basis zur Ermittlung des Verkehrswertes bildet der Sachwert. Dieser setzt sich zum einen zusammen aus dem Wert des Grund und Bodens, auf dem sich das Bauwerk befindet, und zum anderen aus dem Gebäudewert. Darüber hinaus muss der Ertragswert berücksichtigt werden. Darunter sind vor allem die langfristig erzielbaren Mieteinnahmen zu verstehen. Bei Mehrfamilienhäusern spielt der Ertragswert auch bei der Berechnung des Beleihungswerts eine wichtige Rolle.

Zur Bestimmung des Verkehrswerts müssen zunächst der Sachwert (Grundstück und Gebäude) sowie der Ertragswert (erzielbare Miete) in Zusammenhang gebracht und daraus ein ausgewogener vorläufiger Sachwert ermittelt werden. Selbstverständlich dominiert in dieser ohnehin nur überschlagsmäßigen Rechnung immer der Sachwert. Doch was bringt das schönste Haus, wenn sich in der betreffenden Region die Vermietungssituation ausgesprochen schlecht darstellt? In diesem Fall müsste der Ertragswert relativ stark berücksichtigt werden, um zu einem wirklich wettbewerbsfähigen Verkehrswert zu gelangen.

Weitere Vergleiche heranziehen

Nicht von ungefähr spricht man von einem »vorläufigen Verkehrswert«. Tatsächlich müssen zur Ermittlung eines marktgerechten Preises weitere Vergleiche herangezogen werden. Dazu gehören vor allem:

1. Die Preisspiegel des Immobilienverbands Deutschland (www.ivd.net)
2. Vergleiche mit den Preisen ähnlicher Objekte am gleichen Ort (zum Beispiel durch intensives Studieren der Immobilienangebote im Internet oder in den Lokalzeitungen)

3. Berücksichtigung besonderer Vor- und Nachteile des Objekts (günstige Lage, geplanter S-Bahn-Anschluss usw.).

Wurden diese drei Vergleichsmöglichkeiten entsprechend berücksichtigt, ergibt sich daraus der endgültige Verkehrswert.

Praxistipp:

Den Quadratmeterpreis für das Gebiet, in dem sich die geerbte Immobilie befindet, erfahren Sie in der Regel bei der Stadt oder der Gemeinde (Gutachterausschuss), ansonsten bei Maklern oder Architekten.

Hilfreiche Quellen im Internet

Wenn Sie sich schon einmal vorab darüber informieren möchten, was die ererbte Immobilie in etwa wert sein könnte, so recherchieren Sie einfach im Internet. Dort finden Sie Orientierungsgrößen und Vergleichsdaten. Verlass ist freilich nur auf die Angaben von seriösen Adressen. Dazu gehört zum Beispiel der umfassende Immobilienkompass des Finanzmagazins »Capital«: www.immobilien-kompass.de. Ich empfehle Ihnen ferner die Seite www.sprengnetter.de

Aufschlussreich sind darüber hinaus die von den Gutachterausschüssen der Bundesländer gleichsam mit amtlichem Prüfsiegel ermittelten Bodenrichtwerte. Zur entsprechenden Übersichtsseite gelangen Sie über www.gutachterausschuesse-online.de. Nachteil: Die Ausführlichkeit der Informationen zu den Bodenrichtwerten ist von Bundesland zu Bundesland unterschiedlich.

Erben in Europa – die neuen Regeln

Bereits seit dem 17. August 2015 gilt für Erbfälle mit Auslandsbezug die neue EU-Erbrechtsverordnung. Sie brachte erhebliche Änderungen mit sich. Die Gefahr: Sie lässt bestehende Testamente zur Makulatur werden und kann so zu bösen Überraschungen beim Vererben führen. Als Erblasser sollten Sie Ihr aktuelles Testament genau überprüfen.

Früher konnte es schon mal recht chaotisch zugehen, wenn der Erblasser im Ausland wohnte und womöglich auch noch Vermögen in anderen Ländern besaß. Die unterschiedlichen Regelungen und Auffassungen haben oft Streit und viele Probleme mit sich gebracht. Hier macht die seit Sommer 2015 geltende EU-Verordnung das Erben einfacher. Die Verordnung legt fest, welche nationale Rechtsordnung bei grenzüberschreitenden Erbfällen anwendbar ist, und regelt die Zuständigkeit von Gerichten und Behörden. Für künftige deutsche Erblasser, die im Ausland leben, heißt es nun aber auch aufzupassen, dass die neue Rechtslage nicht zu unliebsamen Überraschungen führt.

Wie war es früher? Angenommen, ein deutscher Rentner verbrachte seinen Lebensabend an der französischen Riviera und verstarb dort. In diesem Fall stellte sich die Frage, welche Rechtsordnung bei einem grenzüberschreitenden Erbfall anzuwenden war. Deutsche Gerichte verwiesen auf die Staatsangehörigkeit des Erblassers – demnach wäre deutsches Erbrecht anzuwenden gewesen. Aus Sicht der französischen Gerichte galt hingegen französisches Erbrecht, weil der Erblasser hier zuletzt lebte. Es konnte sogar vorkommen, dass zwei Rechtsordnungen gleichzeitig für einen Nachlass galten, zum Beispiel das deutsche und das österreichische Erbrecht im Fall eines Deutschen mit Immobilienbesitz im Nachbarland.

Nun jedoch gilt bei grenzüberschreitenden Erbfällen das Wohnsitzprinzip: Für den gesamten Nachlass ist nur eine Rechtsordnung maßgeblich, und zwar die des Staates, in dem der Erblasser zuletzt seinen gewöhnlichen Aufenthalt hatte. Auch die Zuständigkeit von Gerichten und Behörden bestimmt sich nach diesem Wohnsitzprinzip.

Beachten Sie bitte: Statt deutscher gelten nun französische, spanische oder polnische Gesetze. Ob das zu Hause errichtete Testament wirksam ist, richtet sich dann nach dem Recht des jeweiligen Landes, in dem der Erblasser seinen gewöhnlichen Aufenthalt hat. Die Abwicklung seines Nachlasses kann somit nach überraschend anderen Regeln ablaufen als ursprünglich gedacht. Vor allem dem in Deutschland beliebten Berliner Testament, mit dem sich Eheleute gegenseitig als Alleinerben einsetzen, droht in vielen Fällen Ungemach. Frankreich, Italien und Spanien erkennen diesen im deutschen Recht vorgesehenen gemeinsamen Letzten Willen nicht an.

Neu ist außerdem der europäische Erbschein, der den Erben eines auf mehrere Länder verteilten Nachlasses Kosten und Mühen spart. Künftig müssen diese sich nicht mehr in jedem Land ein dort gültiges Nachlasszeugnis ausstellen lassen, sondern können sich mit einem einzigen, europaweit gültigen Erbschein in jedem Mitgliedstaat als Vermögensnachfolger ausweisen, zum Beispiel beim Grundbuchamt oder bei der Bank.

Die Anwendung des Erbrechts in der Wahlheimat des Erblassers kann durchaus manchmal Vorteile bringen, aber auch unerwünschte Folgen haben. Viele wissen nicht, wie unterschiedlich die Erbrechtsgesetze der Mitgliedstaaten der EU teilweise sind. Ein Beispiel hierfür ist das Erbrecht von Kindern und Ehepartnern des Erblassers: Nach deutschem Recht erben sie gemeinsam, nach schwedischem Recht erbt der Ehegatte trotz gemeinsamer Kinder unter Umständen allein. In Frankreich hingegen hat der Ehepartner grundsätzlich eine Art Nießbrauch am Nachlass. Auch das Pflichtteilsrecht für nahe Angehörige – in Deutschland einer der Eckpfeiler des Erbrechts – ist in den EU-Mitgliedstaaten recht unterschiedlich geregelt.

Fazit: Handlungsbedarf besteht vor allem für jene, die im Ausland leben, aber trotzdem nach dem Recht ihres Heimatlandes vererben wollen. Für sie sieht die neue EU-Verordnung ein Wahlrecht vor. So können die Erblasser testamentarisch bestimmen, dass für ihren Nachlass nicht das Erbrecht ihres Wohnsitzes, sondern das ihrer Staatsangehörigkeit gelten soll. Wer deutsches Erbrecht wählt, kann auch die Zuständigkeit eines deutschen Gerichts bestimmen. Betroffene sollten sich im Zweifel genau beraten lassen und gegebenenfalls schon jetzt vorsorglich per Testament deutsches Erbrecht wählen.

Wichtig: Die EU-Erbrechtsverordnung gilt nicht in Dänemark, Großbritannien und Irland. Diese Länder sind der Vereinbarung nicht beigetreten.

4. Was erbt der Fiskus?

Steuern sind ohnehin schon ein stark emotional aufgeladenes Thema. Die einen sehen darin einen angemessenen Beitrag, den die Bürger entsprechend ihrer finanziellen Leistungsfähigkeit für einen funktionierenden Rechts- und Sozialstaat zahlen müssen, die anderen verweisen auf gigantische Summen an Steuergeldern, die Jahr für Jahr verschwendet werden. Geld, das man den Bürgern zuerst aus den Taschen ziehe, gebe man ihnen später als Wahlgeschenke zurück, womit die Politiker versuchten, sich ihre Wiederwahl zu sichern. Die Erbschaftsteuer birgt noch viel mehr emotionale Brisanz. Die eine Seite argumentiert, es sei absolut ungerecht, dass Erwerbseinkommen in Deutschland vergleichsweise hoch besteuert würden, Erben aber keine oder nur eine sehr geringe Steuern zahlen müssten. Oder, salopp ausgedrückt: Wer malocht, wird vom Fiskus bestraft, wem hingegen große Vermögenswerte durch Erbschaft zufallen, kommt sich bisweilen vor wie in einem Steuerparadies. Die andere Seite argumentiert, der Erblasser habe die Vermögenswerte schließlich aus versteuertem Vermögen aufgebaut – oft mit dem Ziel, es seinen Kindern oder nahen Angehörigen zu hinterlassen. Wenn »Omas Häuschen«, das sie jahrzehntelang abbezahlt hat, an den Enkel übergehe, habe der Staat kein Recht, den Erben hohe Steuern abzuknöpfen.

Wenn es gar um kleine oder mittelständische Unternehmen geht, sind die Steuerpolitiker besonders vorsichtig, immerhin will keiner die Existenz einer Firma und damit auch der Arbeitsplätze aufs Spiel setzen. Daher gelten für die Vererbung von Betrieben eher großzügige Regelungen. Auf diese Sonderfälle komme ich am Ende dieses Kapitels zurück. Unterstellen wir zunächst, Sie erben eine Immobilie, Bargeld, Aktien und ein paar Wertgegenstände. Die erfreuliche Botschaft: Für die nächsten Angehörigen (Ehepartner, Kinder sowie Enkelkinder, die anstelle verstorbener Kinder erben), gelten recht hohe Freibeträge. Bei einer Hinterlassenschaft im Wert von unter einer halben Million Euro ist die Chance groß, dass Sie keinen Euro Erbschaftsteuer zahlen müssen.

Anzeigepflicht gegenüber dem Finanzamt

Sie erben von einem Verwandten ein kleines Vermögen? In Ihrer Freude über diesen unverhofften Vermögenszuwachs dürfen Sie nicht vergessen, das Finanzamt zu informieren. Denn Ihnen obliegt die Anzeigepflicht, der Sie innerhalb von drei Monaten nachkommen müssen. Im Fall einer Schenkung müssen sich sogar Schenker und Beschenkter dem Fiskus offenbaren. Ihre Anzeige sollte folgende Informationen enthalten:

- Vor- und Nachname sowie Anschrift von Erblasser und Erben
- Todestag und Sterbeort des Erblassers oder Zeitpunkt der Schenkung

- Gegenstand und Wert des Erbes oder der Schenkung
- Verwandtschaftsgrad oder Art der persönlichen Beziehung gegenüber dem Erblasser oder Schenker
- Rechtsgrund des Erwerbs, also zum Beispiel gesetzliche Erbfolge oder Vermächtnis.

Nicht erforderlich ist die Anzeige, wenn sich der Erwerb aus einer letztwilligen Verfügung von Todes wegen (zum Beispiel Testament) ergibt, die von einem Gericht, einem Notar oder einem deutschen Konsul im Ausland eröffnet wurde.

Vorsicht: Auch dann, wenn Sie Ihrer Anzeigepflicht nicht nachkommen, erfährt der Fiskus von Ihrer Erbschaft. Todesfälle werden nämlich von den Standesämtern an die Steuerbehörden übermittelt. Banken, Bausparkassen und Versicherungen informieren ebenso den Fiskus, sobald ein Kunde verstorben ist. Nach einem Urteil des Europäischen Gerichtshofs müssen sogar deutsche Bankfilialen im Ausland ihrer Mitteilungspflicht gegenüber dem Finanzamt in Deutschland nachkommen, sobald ein deutscher Kunde verstirbt.

Praxistipp:

Im deutschen Steuerrecht sind Erbschaft- und Schenkungsteuer grundsätzlich gleichlautend geregelt. Das gilt somit auch für die Freibeträge. Angenommen, Ihr Vater verfügt über ein größeres Vermögen, das Sie einmal erben werden. Um den steuerrelevanten Wert der späteren Hinterlassenschaft zu verringern, schenkt Ihr Vater Ihnen Vermögen im Wert von 400.000 Euro. Das entspricht exakt dem Schenkungsteuerfreibetrag, der einmal alle zehn Jahre in Anspruch genommen werden darf. Stirbt Ihr Vater mehr als zehn Jahre nach der Schenkung, steht Ihnen im Rahmen der Erbschaft erneut ein Freibetrag in der derzeitigen Höhe von 400.000 Euro zu. Der Schenkungsteuerfreibetrag kann auch mehrmals in Anspruch genommen werden, es müssen nur mindestens zehn Jahre dazwischenliegen. Ein Beispiel: Ihr Vater schenkt Ihnen zu Ihrem 30. Geburtstag 400.000 Euro. Zum 40. Geburtstag gibt es nochmals 400.000 Euro. Kurz nach Ihrem 50. Geburtstag verstirbt Ihr Vater und hinterlässt Ihnen ein Vermögen in Höhe von 400.000 Euro. Durch die Nutzung des Schenkungs- und Erbschaftsteuerfreibetrags können somit 1,2 Millionen Euro steuerfrei an Sie übertragen werden. Es lohnt sich also, wenn potenzielle Erblasser und Erben rechtzeitig über eine solche, absolut legale Form des Steuersparens sprechen und gegebenenfalls eine entsprechende Strategie umsetzen.

Das steuerfreie »Familienheim«

Nicht alles, was Sie erben, muss auch versteuert werden. So können zum Beispiel Immobilien innerhalb der Familie grundsätzlich steuerfrei vererbt oder verschenkt werden. Das gilt übrigens für alle Objekte in Staaten der Europäischen Union und des Europäischen Wirtschaftsraums (also in der EU, Norwegen, Island und im Fürstentum Liechtenstein). Vorausgesetzt, es handelt sich um ein sogenanntes »Familienheim« - das heißt, das Haus oder die Eigentumswohnung darf ausschließlich zu Wohnzwecken genutzt werden und muss als Mittelpunkt des familiären Lebens dienen. Weitere Voraussetzungen:

- → Der Erblasser muss das »Familienheim« bis zu seinem Tod zu eigenen Wohnzwecken genutzt haben (es sei denn, der Betreffende verbringt seine letzten Lebensmonate oder -jahre in einem Pflegeheim).
- → Der Erbe muss das ihm zufallende »Familienheim« ebenfalls mindestens zehn Jahre zu Wohnzwecken nutzen. Verkauft oder vermietet er hingegen das Objekt innerhalb der zehnjährigen Frist, entfällt rückwirkend die gesamte Steuerbefreiung.
- → Komplett steuerbefreit sind Ehe- oder eingetragene Lebenspartner. Erbt hingegen ein (Stief-)Kind oder Waisenenkel das »Familienheim« steuerfrei, so gilt eine Obergrenze bei einer Wohnfläche von 200 Quadratmetern.

Achtung Steuerfalle!

Vererbt der Erblasser das gemeinsame »Familienheim« seinem Kind, so muss der hinterbliebene Ehepartner – sofern dieser in der vererbten Immobilie weiterhin lebt und ein kostenloses Wohnrecht genießt – diesen Vorteil versteuern. Die Höhe der Steuer hängt vom Alter des Bewohners und dem Mietspiegel der Gemeinde ab (BFH-Urteil, Az: II R 45/12).

Der clevere Steuertrick

Noch interessanter als die Vererbung kann die Verschenkung eines »Familienheims« sein. Die Schenkung eines selbstbewohnten »Familienheims« unter Eheleuten oder eingetragenen Lebenspartnern ist unabhängig vom Wert und der Größe der Immobilie grundsätzlich steuerfrei. Auch muss die erwähnte Zehnjahresfrist nicht beachtet werden. Somit spielt es keine Rolle, wann die betreffende Immobilie angeschafft wurde. Konkret: Es ist nicht von Belang, ob die Immobilie bereits zu einem Zeitpunkt erworben wurde, zu dem die Ehe noch gar nicht bestand. Ebenso unerheblich ist, seit wann die Immobilie als »Familienheim« der Eheleute dient (BHF, Az: II R 37/09).

Mehr noch: Der beschenkte Ehepartner kann die Immobilie bei Bedarf jederzeit veräußern und sich damit wirtschaftlich so stellen, als sei ihm Bargeld in entsprechender Höhe steuerfrei geschenkt worden.

Unter steuerlichen Aspekten kann es darüber hinaus interessant sein, über »Umwege« zu verschenken.

Ein Praxisbeispiel:

Der Vater möchte seinem Sohn die derzeit eigengenutzte Villa überschreiben. Diese hat aktuell einen Verkehrs- und Steuerwert von 1,5 Millionen Euro. Abzüglich des Freibetrags von 400.000 Euro müsste der Sohn demnach noch 1,1 Millionen Euro zu einem Steuersatz von 19 Prozent versteuern. Der Fiskus verlangte mithin 209.000 Euro. Die steuersparende Alternative: Der Vater überträgt die Hälfte der Immobilie zunächst steuerfrei an seine Ehefrau. Anschließend schenken beide Elternteile zu gleichen Teilen ihrem Sohn die Villa. Die Schenkung von Vater und Mutter hätte somit einen Wert von jeweils 750.000 Euro (1,5 Millionen dividiert durch 2). Bei beiden Schenkungen kann der Sohn den Freibetrag von 400.000 Euro geltend machen. Daraus resultiert insgesamt eine Steuerlast von 105.000 Euro. Der Sohn spart also satte 104.000 Euro an Schenkungsteuer.

Was Sie steuerfrei erben können

Nicht alles, was zum Nachlass gehört, unterliegt der Erbschaftsteuer. Wenn zum Beispiel Ihr Vater nach seinem Tod eine politische Partei mit einer Zuwendung erfreut, muss die Partei keine Steuern zahlen (§ 2 Parteiengesetz). Aber auch Gegenstände, die Sie selbst erben, können erbschaftsteuerfrei bleiben. In diesem Zusammenhang ist zum Beispiel Hausrat einschließlich Wäsche und Kleidungsstücke zu erwähnen, sofern dieser Wert 41.000 Euro nicht übersteigt. Die Steuerfreiheit gilt indessen nur für Personen der Steuerklasse I (Ehegatten und eingetragene Lebenspartner, Kinder, Enkelkinder und Eltern). Für andere bewegliche Gegenstände, wie etwa Pkw und Schmuck, gilt für Erben der Steuerklasse I ein Freibetrag von 12.000 Euro. Erben Personen der Steuerklassen II und III bewegliche Gegenstände, so gilt insgesamt eine Steuerbefreiung bis zu einem Wert von ebenfalls 12.000 Euro. Ausgenommen davon sind jedoch Zahlungsmittel, Wertpapiere, Münzen, Edelmetalle, Edelsteine und Perlen.

Steuerfrei bleiben mit 60 Prozent ihres Wertes ferner Grundbesitz oder Teile von Grundbesitz, Kunstgegenstände, Kunstsammlungen, wissenschaftliche Sammlungen und Archive, sofern die Erhaltung dieser Gegenstände wegen ihrer Bedeutung für Kunst, Geschichte und Wissenschaft im öffentlichen Interesse liegt, die jährlichen Kosten in der Regel die erzielbaren Einnahmen übersteigen und die Gegenstände in einem den Verhältnissen entsprechenden Umfang den Zwecken der Forschung oder der Volksbildung nutzbar gemacht werden. Auch Zuwendungen, die ausschließlich kirchlichen, gemeinnützigen oder mildtätigen Zwecken gewidmet sind, bleiben von der Erbschaftsteuer befreit.

Wie hoch ist Ihre Steuerlast?

Generell gilt die Faustformel: Je enger Sie mit dem Erblasser verwandt sind, desto höher ist Ihr Freibetrag und desto niedriger der Steuersatz. Als Ehepartner oder Kind des Verstorbenen zahlen Sie – wenn überhaupt – deutlich weniger Erbschaftsteuer als zum Beispiel ein langjähriger Freund, der mit dem Erblasser nicht verwandt war. Wenn Sie also wissen möchten, wie stark Sie der Fiskus zur Kasse bitten wird, stellen Sie anhand der nachfolgenden Tabelle zunächst Ihre Steuerklasse fest (diese gelten auch für die Schenkungsteuer).

Die Erbschaft- und Schenkungsteuer wird nach drei Steuerklassen erhoben

Steuerklasse I	Steuerklasse II	Steuerklasse III
Ehegatten und eingetragene Lebenspartner, Kinder und Stiefkinder, Abkömmlinge dieser Kinder und Stiefkinder, Eltern und Großeltern, Urgroßeltern	Eltern und Voreltern (soweit nicht in Steuerklasse I), Geschwister, Abkömmlinge ersten Grades von Geschwistern, Schwiegerkinder, Stief- und Schwiegereltern, geschiedene Ehepartner und auch Lebenspartner einer aufgehobenen Lebenspartnerschaft	Alle übrigen Personen (zum Beispiel Lebensgefährten oder Freunde)

Egal, welcher Steuerklasse Sie angehören, im Fall einer Erbschaft oder Schenkung steht Ihnen ein steuerlicher Freibetrag zu. Dessen Höhe fällt jedoch höchst unterschiedlich aus. Konkret gelten folgende Freibeträge (Stand: 2016):

1. Für Ehegatten/eingetragene Lebenspartner: 500.000 Euro
2. Für jedes Kind/Stiefkind: 400.000 Euro
3. Für jedes Kind eines verstorbenen Kindes/Stiefkindes: 400.000 Euro

4. Für jedes Kind eines lebenden Kindes/Stiefkindes: 200.000 Euro

5. Für jede sonstige Person aus Steuerklasse I: 100.000 Euro

6. Für jede Person aus den Steuerklassen II und III: 20.000 Euro.

Darüber hinaus erhalten im Erbfall der überlebende Ehegatte bzw. Lebenspartner und die Kinder einen besonderen Versorgungsfreibetrag. Dies ist in § 17 des Erbschaftsteuergesetzes geregelt. Dieser Betrag wird jedoch gekürzt, wenn der Betreffende erbschaftsteuerfreie Versorgungsbezüge für Hinterbliebene erhält (zum Beispiel Hinterbliebenenrente aus der gesetzlichen Rentenversicherung oder Leistungen aus der betrieblichen Altersversorgung). Erhält der Erbe keine dieser Leistungen, so gelten für ihn die folgenden Versorgungsfreibeträge:

1. Ehegatte/Lebenspartner: 256.000 Euro

2. Kind bis zu fünf Jahren: 52.000 Euro

3. Kind von mehr als fünf bis zehn Jahren: 41.000 Euro

4. Kind von mehr als zehn bis 15 Jahren: 30.700 Euro

5. Kind von mehr als 15 bis 20 Jahren: 20.500 Euro

6. Kind von mehr als 20 bis 27 Jahren: 10.300 Euro.

Erbende Kinder haben ab dem 27. Geburtstag keinen Versorgungsfreibetrag mehr.

Wenn Sie nun wissen, in welche Steuerklasse Sie fallen, können Sie anhand der untenstehenden Tabelle auch Ihre erbschaftsteuerliche Belastung in Prozent Ihres steuerlichen Erbes errechnen. Die Prozentsätze reichen von sieben bis 50 Prozent. Auch hier gilt das Prinzip: Personen, die mit dem Erblasser eng verwandt waren, zahlen einen geringen Prozentsatz, Freunde oder Lebensgefährten hingegen werden vom Fiskus mit bis zu 50 Prozent des um die Freibeträge verringerten Wertes der Erbschaft zur Kasse gebeten. Hier nun die Prozentsätze der Erbschaftsteuer im Überblick:

Wert der steuerpflichtigen Erbschaft (nach Abzug der Freibeträge) in Euro bis einschließlich ...	**Prozentsatz in der Steuerklasse I**	**Prozentsatz in der Steuerklasse II**	**Prozentsatz in der Steuerklasse III**
75.000	7	15	30
300.000	11	20	30
600.000	15	25	30
6.000.000	19	30	30
13.000.000	23	35	50
26.000.000	27	40	50
Über 26.000.000	30	43	50

Quelle: Bundesministerium der Justiz und für Verbraucherschutz, 2016

Praxisbeispiele:

Zwei vereinfachte Darstellungen sollen Ihnen zeigen, wie sich die Höhe der Erbschaft-(Schenkung-)Steuer berechnen lässt. Sonderfälle, wie die »Familienheim«-Regelung oder Versorgungsfreibeträge, wurden aus Gründen der Einfachheit bei den folgenden Szenarien nicht berücksichtigt.

1. Fall: Vater Sparfuchs hinterlässt seinem Sohn Oliver eine Erbschaft im Wert von 600.000 Euro. Für Oliver gilt ein Freibetrag von 400.000 Euro. Verbleiben also 200.000 Euro, die zu versteuern sind. Für den Sohn gilt die Steuerklasse I, er zahlt mithin elf Prozent Erbschaftsteuer – im konkreten Fall also 22.000 Euro. Hätte Herr Sparfuchs vor zehn Jahren seinem Sohn 200.000 Euro steuerfrei geschenkt, wäre der Fiskus komplett leer ausgegangen.

2. Fall: Herr Reichmann hinterlässt seiner Lebensgefährtin Sandra ein sagenhaftes Vermögen von 13.500.000 Euro. Klingt gut, doch die Hälfte kassiert der Fiskus. Denn für Sandra gilt die Steuerklasse III, das heißt, ihr Freibetrag liegt nur bei 20.000 Euro. Bleiben also 13.480.000 Euro, für die sich das Finanzamt interessiert. Von diesem Betrag muss sie 50 Prozent, also 6.740.000 Euro, Erbschaftsteuer zahlen.

Wie wird die Hinterlassenschaft steuerlich bewertet?

Hinterlässt der Verstorbene Bargeld oder Einlagen auf Sparkonten, stellt die Bewertung des Erbes kein Problem dar: Der Betrag steht auf dem aktuellen Kontoauszug – und Bargeld lässt sich zählen. Wie aber werden zum Beispiel Immobilien angemessen bewertet? Seit 1. Januar 2009 gelten neue Bestimmungen zur Erbschaftsbesteuerung von Häusern und Wohnungen. Das Procedere erweist sich mitunter als recht kompliziert. Relevant für den Wert einer vererbten Immobilie ist grundsätzlich deren Verkehrswert. Klingt einfach, ist es in der Praxis aber nicht. Gutachter können etwa die Lage des Objekts und vor allem die Qualität der Bausubstanz unterschiedlich einschätzen, was zu teilweise deutlichen Abweichungen bei der Berechnung des Verkehrswertes führen kann. Mitunter werden zahlreiche Gutachten und Gegengutachten erstellt, die in der Konsequenz zu langwierigen Rechtsstreitigkeiten führen.

Generell gilt:

- → Die Bewertung von bebauten Grundstücken erfolgt meist nach dem Vergleichswertverfahren. Dies erweist sich vor allem bei der Bewertung von Eigentumswohnungen als sinnvoll. Wie der Begriff schon erahnen lässt, wird der Wert der Immobilie ermittelt, indem man die Preise vergleichbarer Objekte heranzieht.
- → Das Ertragswertverfahren wird für die Bewertung von Mietwohngrundstücken sowie für Geschäfts- und gemischt genutzte Grundstücke angewendet. Wenn also eine vermietete

Wohnung vererbt wird, ergibt sich aus den Mieten, die mit vergleichbaren Objekten vereinnahmt werden, der Ertragswert.

- Das Sachwertverfahren kommt vor allem dann zum Einsatz, wenn andere Verfahren nicht zum Ziel führen. Drei Komponenten ergeben den Sachwert:
  - Der Bodenrichtwert, also der Wert des Grundstücks oder Grundstücksanteils
  - Die Herstellungskosten des Hauses oder der Wohnung
  - Die Herstellungskosten der baulichen Außenanlagen, zum Beispiel der Wege oder Garagen.
- Bei land- und forstwirtschaftlichem Vermögen werden die Betriebswohnungen und der Wohnteil nach dem Grundvermögen beurteilt. Für den Wirtschaftsteil ist das Ertragswertverfahren maßgeblich. Grundlage hierfür ist der pauschalierte Reingewinn. Als Mindestwert gilt die in der Region übliche Nettopacht.
- Bei unbebauten Grundstücken gelten die sogenannten Bodenrichtwerte als Kriterien zur Wertermittlung. Diese geben den Wert des unbebauten Bodens je Quadratmeter an. Je nach Rechtsvorschriften der Länder ist der Bodenrichtwert nach § 196 Baugesetzbuch zum Ende jedes zweiten Kalenderjahres zu ermitteln. Er wird durch Gutachterausschüsse aus den Kaufpreissammlungen abgeleitet.

Was Sie sonst noch vom Wert Ihres Erbes abziehen dürfen

Vom Gesamtwert Ihres Erbes dürfen Sie neben den Schulden, die der Erblasser hinterlässt, noch die Kosten für die Bestattung und die Regelung des Nachlasses abziehen. Der Aufwand für die Beisetzung, das Grabdenkmal und Grabpflege, die Kosten der Testamentseröffnung, des Erbscheins usw. können ohne Nachweis mit einem Pauschbetrag von 10.300 Euro als Nachlassverbindlichkeiten abgezogen werden. Sie können auch noch höhere Kosten geltend machen, doch müssen diese dann gegenüber dem Finanzamt zur Berechnung der Erbschaftsteuer nachgewiesen werden.

Zu guter Letzt noch ein wichtiger Tipp:

Erfahrungsgemäß weisen viele Erbschaftsteuerbescheide Fehler auf. Prüfen Sie daher den Bescheid sehr genau oder überlassen Sie diese Aufgabe Ihrem Steuerberater. Sollten Unstimmigkeiten auftreten, können Sie innerhalb von 30 Tagen nach Zugang des Bescheids Einspruch einlegen.

Sie erben ein Familienunternehmen

Für viele nicht überraschend verkündete das Bundesverfassungsgericht kurz vor Weihnachten 2014 ein viel beachtetes Urteil. Die Richter kamen zu dem Schluss, dass die bisherige Form der sogenannten Betriebsvermögensbegünstigung bei der Erbschaft- und Schenkungsteuer mit dem Gleichheitsgrundsatz nach Artikel 3 des Grundgesetzes nicht vereinbar sei. In der Konsequenz wurde der Gesetzgeber aufgefordert, bis zum Jahr 2016 diese Steuer zu reformieren. Nach langwierigem parteipolitischem Hickhack kam es im Herbst 2016 zu einem Erbschaftsteuer-Kompromiss in der großen Koalition.

Dieser sieht im Wesentlichen folgende Punkte vor:

1. Grundlage ist der Wert eines Unternehmens. Um diesen zu ermittelt, wird das Betriebsergebnis maximal mit dem Faktor 13,75 multipliziert. Das Betriebsergebnis ist das Ergebnis eines Unternehmens aus dem operativen Geschäft, das heißt, es spiegelt den Erfolg der Firma in ihrem Kerngeschäft wider.

2. Keine Erbschaftsteuer wird fällig, wenn Firmenerben ihr Unternehmen weiterführen und Arbeitsplätze erhalten. Wer seine Firma im Wert von bis zu 26 Millionen Euro mindestens fünf Jahre weiterführt, bekommt 85 Prozent der Erbschaftsteuer erlassen. Wer sie sieben Jahre weiterführt, zahlt gar nichts. Das heißt: die weitaus meisten aller Firmenerben werden auch in Zukunft weitgehend oder komplett von der Erbschaftsteuer befreit.

3. Bei großen Betriebsgemeinschaften ab 26 Millionen Euro gibt es ein Wahlrecht: Entweder der Erbe begleicht die Steuerschuld auch aus seinem Privatvermögen oder der Steuererlass wird abgeschmolzen. Unternehmen, die 90 Millionen Euro oder mehr wert sind, werden nicht von der Erbschaftsteuer verschont.

4. Sollte der Erbe finanziell nicht in der Lage sein, die Erbschaftsteuer zu begleichen, kann sie für sieben Jahre (früher zehn Jahre) gestundet werden. Allerdings muss er ab dem zweiten Jahr Zinsen zahlen. Darüber hinaus ist eine jährlich Tilgung in Höhe von jeweils einem Sechstel der Steuer-

schuld vorgesehen. Geht der Firmenanteil an einen Dritten über, endet die Stundung.

5. Freizeit- und Luxusgegenstände (zum Beispiel die Oldtimersammlung des Unternehmers) sollen hingegen nicht mehr von der Verschonung von der Erbschaftsteuer erfasst werden dürfen.

Ein Praxisbeispiel:

Anita B. erbt von ihrem verstorbenen Mann aufgrund eines Berliner Testaments 100 Prozent der GmbH-Anteile eines Unternehmens. Der Steuerwert dieser Erbschaft ergibt sich aus dem Bewertungsgesetz und kann über das sogenannte »Vereinfachte Ertragswertverfahren« ermittelt werden. Unterstellen wir nun, der Wert des Unternehmens läge bei 546.000 Euro. Hiervon kann die Erbin den 85-prozentigen Verschonungsabschlag abziehen. Somit verbleiben 81.900 Euro. Da es sich um ein kleines Unternehmen handelt, hat die Erbin die Möglichkeit, zusätzlich einen Freibetrag in Höhe von 150.000 Euro in Anspruch zu nehmen. Unter dem Strich zahlt sie für die ererbten GmbH-Anteile also keine Erbschaftsteuer.

Das allerdings setzt voraus, dass die Erbin den Betrieb mindestens fünf Jahre weiterführt. Verkauft Anita B. die GmbH-Anteile innerhalb dieses Zeitraums komplett oder teilweise, entfällt die Befreiung rückwirkend. Darüber hinaus sind bestimmte Voraussetzungen hinsichtlich des Erhalts von Arbeitsplätzen (Lohnsummenklausel) zu beachten.

Daneben kann sich der Erbe eines Familienbetriebs auch für eine 100-prozentige Befreiung von der Erbschaftsteuer entscheiden, dann allerdings verpflichtet er sich, den Betrieb mindestens sieben Jahre weiterzuführen. Bei kleineren Unternehmen macht indessen die Kombination aus 85-prozentiger Steuerbefreiung und dem erwähnten Abzugsbetrag von 150.000 Euro mehr Sinn, da in diesem Fall nur eine fünfjährige Verpflichtung zur Fortführung des Unternehmens besteht.

Vorsicht, Steuerfalle:

Unterstellen wir, Anita B. kann oder will das ererbte Unternehmen nicht weiterführen und verkauft den Betrieb nach einem Jahr an einen Mitbewerber. Mithin wird die fünfjährige Behaltefrist nicht eingehalten. Der beim Übergang des Unternehmens geltend gemachte Verschonungsabschlag wird somit um 80 Prozent gekürzt. Legen wir die in unserem obigen Beispiel angeführten Zahlen zugrunde, so müsste die Erbin bei einem Verkauf der Firma nach nur einem Jahr über 86.000 Euro Erbschaftsteuer nachzahlen. Damit nicht genug. Für die Veräußerungserlöse müsste Anita B. auch Einkommensteuer plus Soli und eventuell Kirchensteuer zahlen. Am Ende würde sie somit beinahe 180.000 Euro an den Fiskus abführen. Es ist also dringend zu empfehlen, die Behaltefristen genau einzuhalten.

Glossar
Alles zur Erbschaft – von A bis Z

Ablieferungspflicht
Wenn Sie beim Verstorbenen ein Testament vorfinden oder wissen, wo dieser es zu Lebzeiten hinterlegt hat, sind Sie verpflichtet, das Dokument sofort beim Nachlassgericht vorzulegen. Das gilt auch dann, wenn Sie der Auffassung sind, dass der Erblasser das vorgefundene Testament für ungültig erklärt hat. Die Entscheidung trifft das Gericht. Legen Sie das Testament nicht vor, machen Sie sich wegen Urkundenunterdrückung strafbar.

Anfechtung
Bei gewichtigen Gründen (zum Beispiel Testierunfähigkeit oder Drohungen) kann eine letztwillige Verfügung durch Erklärung gegenüber dem Nachlassgericht angefochten werden. Die Anfechtungsfrist beträgt ein Jahr.

Annahme
Mit der Annahme der Erbschaft erklären Sie sich bereit, Erbe zu sein und alle entsprechenden Rechte und Pflichten, die sich aus der Hinterlassenschaft ergeben, zu übernehmen. Um eine Erbschaft anzunehmen, reicht es aus, die Frist zur Ausschlagung der Erbschaft verstreichen zu lassen (in der Regel sechs Wochen).

Auflagen
Mittels Auflagen kann der Erblasser seine Erben oder Vermächtnisempfänger zwingen, bestimmte Leistungen zu übernehmen, zum Beispiel die Haustiere zu versorgen.

Ausschlagung
Jeder Erbe ist berechtigt, eine Erbschaft innerhalb von sechs Wochen auszuschlagen. Diese Entscheidung kann später jedoch nicht widerrufen werden, ebenso wenig wie man eine zunächst angenommene Erbschaft rückwirkend ausschlagen kann.

Berliner Testament
Gemeinschaftliches Testament, mit dem sich die Ehegatten oder Lebenspartner gegenseitig als Alleinerben einsetzen. Stirbt auch der zweite Partner, fällt der Nachlass dann den Schlusserben zu (Kindern, Geschwister usw.).

Bürgermeistertestament (Nottestament)
Ist der Erblasser nicht mehr in der Lage, ein öffentliches Testament vor einem Notar zu errichten (zum Beispiel, weil er sich in Lebensgefahr befindet), so darf der Bürgermeister ausnahmsweise die letztwilligen Verfügungen des Betreffenden entgegennehmen. Dabei müssen jedoch zwei Zeugen hinzugezogen werden. Drei Monate nach seiner Errichtung verliert das Bürgermeistertestament allerdings seine Gültigkeit als öffentliches Testament.

Dreißigster
Der Erbe ist verpflichtet, Familienangehörigen des Erblassers, die zur Zeit des Todes des Erblassers zu dessen Hausstand ge-

hören und von ihm Unterhalt bezogen haben, in den ersten 30 Tagen nach dem Eintritt des Erbfalls in demselben Umfang, wie der Erblasser es getan hat, Unterhalt zu gewähren und die Benutzung der Wohnung und der Haushaltsgegenstände zu gestatten. Der Erblasser kann durch letztwillige Verfügung eine abweichende Anordnung treffen (siehe § 1969 BGB).

Drei-Zeugen-Testament (Nottestament)
Befindet sich der Erblasser in Lebensgefahr und kann weder gegenüber einem Notar noch gegenüber dem Bürgermeister ein öffentliches Testament errichten, so kann er seine letztwilligen Verfügungen auch gegenüber drei Zeugen abgeben, die hierüber eine Niederschrift anzufertigen haben. Drei Monate nach seiner Errichtung verliert das Drei-Zeugen-Testament seine Wirksamkeit als öffentliches Testament.

Eigenhändiges Testament
Ein öffentliches Testament oder ein Erbvertrag sind nicht erforderlich. Bei kleineren Erbschaften reicht ein eigenhändiges Testament aus.

Wichtig: Das gesamte Testament muss per Hand geschrieben und unterschrieben sein.

Erbengemeinschaft
Erben mehrere Personen (also nicht nur ein Alleinerbe), so entsteht eine Erbengemeinschaft. Alle Mitglieder einer Erbengemeinschaft sind gemeinschaftlich nur am gesamten Nachlass

berechtigt und aus ihm verpflichtet, nicht jedoch an einzelnen Nachlassgegenständen.

Erbschein

Dabei handelt es sich um ein amtliches Zeugnis, aus dem die Erbberechtigung der Erben hervorgeht. Ein Erbschein kann beim Amtsgericht oder beim Notar beantragt werden.

Erbvertrag

Vertragliche Nachlassregelung zwischen Erblasser und Erben. Erbverträge bedürfen grundsätzlich der notariellen Beurkundung.

Güterstand

Festlegung der Vermögensverhältnisse zwischen Ehegatten. Möglich sind die Zugewinngemeinschaft, die Gütertrennung und (eher selten) die Gütergemeinschaft.

Heimgesetz

Träger eines Alten- oder Pflegeheims ist es verboten, sich Geld oder andere Leistungen über das vereinbarte Entgelt hinaus versprechen zu lassen oder anzunehmen. Eine Ausnahme stellen lediglich kleinere Aufmerksamkeiten von geringem Wert dar.

Letztwillige Verfügung

Sammelbegriff für Testamente und Erbverträge.

Nachlassverbindlichkeiten
Schulden des Erblassers, für die der oder die Erbe(n) aufzukommen haben. Werden bei der Berechnung der Erbschaftsteuer berücksichtigt.

Öffentliches Testament
Testament, das von einem Notar beurkundet wurde. Dies ist aber nicht grundsätzlich erforderlich, oft reich ein eigenhändiges Testament aus.

Pflichtteil
Der Pflichtteil steht den Abkömmlingen und Ehegatten zu, die zur gesetzlichen Erbfolge berechtigt wären. Es handelt sich um einen Geldanspruch des Pflichtteilsberechtigten gegen die Erben. Üblicherweise beträgt er die Hälfte des gesetzlichen Erbteils.

Pflichtteilsergänzungsanspruch
Wurde der Pflichtteilsanspruch dadurch verringert, dass der Erblasser noch zu Lebzeiten Vermögenswerte an andere verschenkte, so hat der Pflichtteilsberechtigte entsprechend § 2325 BGB einen sogenannten Pflichtteilsergänzungsanspruch. Es handelt sich also um einen Ausgleich für den Pflichtteilsberechtigten.

Schlusserbe
Dabei handelt es sich um den in einem Berliner Testament oder Erbvertrag bestimmten Erbe des Längerlebenden. Der Nachlass geht somit zunächst auf den überlebenden Ehegatten und dann mit dessen Vermögen einheitlich auf den Schlusserben über.

Testamentseröffnung
Die Testamentseröffnung wird vom Nachlassgericht, also vom zuständigen Amtsgericht, vorgenommen. Durch die Testamentseröffnung erfahren die Beteiligten den Letzten Willen des Erblassers. Daraus ergeben sich wichtige rechtliche Konsequenzen, zum Beispiel der Beginn des Fristlaufs für die Ausschlagung einer Erbschaft.

Testamentsvollstreckung/Testamentsvollstrecker
Der Erblasser kann zur Verwaltung oder Verwertung seines Nachlasses eine Testamentsvollstreckung anordnen und einen Testamentsvollstrecker seiner Wahl ernennen. Benennt der Erblasser keinen Testamentsvollstrecker, wird vom Nachlassgericht eine entsprechende Person eingesetzt.

Testierfähigkeit
Die Testierfähigkeit bezeichnet die Fähigkeit, ein Testament zu errichten, zu ändern oder aufzuheben. Sie beginnt mit der Volljährigkeit, also der Vollendung des 18. Lebensjahrs. Allerdings können Minderjährige, die das 16. Lebensjahr vollendet haben, beim Notar ein Testament errichten. Testierfähig ist aber nur, wer voll geschäftsfähig ist. Das ist zum Beispiel nicht mehr der Fall, wenn eine Person wegen einer krankhaften Störung der Geistestätigkeit, wegen Geistesschwäche oder wegen Bewusstseinsstörung nicht in der Lage ist, die Bedeutung einer von ihm abgegebenen Willenserklärung einzusehen und nach dieser Einsicht zu handeln.

Vorerbe
Erbe, der in seiner Verfügung über den Nachlass durch die Einsetzung eines Nacherben beschränkt ist.

Vorweggenommene Erbfolge
Übertragung von Vermögen noch zu Lebzeiten des Erblassers auf einen Erben.

Widerruf
Der Erblasser kann sein Testament jederzeit ganz oder teilweise widerrufen. Das gilt auch, wenn es notariell errichtet wurde. Das Widerrufsrecht bei Erbverträgen und gemeinschaftlichen Testamenten kann aufgrund vertraglicher oder gesetzlicher Bestimmungen hingegen eingeschränkt werden. Daher sollte man bei der Erstellung eines Erbvertrags auch diesen Aspekt klären.

Zentrales Testamentsregister
Das Zentrale Testamentsregister (ZTR) dient der Ermittlung von notariell beurkundeten und amtlich verwahrten erbfolgerelevanten Urkunden. Dadurch können Nachlassgerichte im Sterbefall schnell und wie vom Erblasser gewünscht entscheiden. Das ZTR hat seine Tätigkeit am 1. Januar 2012 aufgenommen. Die Bundesnotarkammer errichtet und betreibt das weitgehend elektronisch geführte Register als Körperschaft des öffentlichen Rechts.

BISHER ERSCHIENEN IN DER »HILFE! ICH ...«-REIHE

Hilfe! Ich ... erbe

- Was muss ich wissen, wenn ich (ver)erbe?
- Was sind die typischen Erbfallen?
- Was erbt der Staat?

Hilfe! Ich ... kaufe Gold

- Wie investiere ich in Münzen oder Barren?
- Wie bewahre ich mein Gold sicher auf?
- Wo kann ich Gold zu einem angemessenen Preis wieder verkaufen?

Hilfe! Ich ... kaufe eine Immobilie

- Was muss ich über die Baufinanzierung wissen?
- Welche Nebenkosten und Steuern fallen an?
- »Erste Hilfe« für den Ernstfall

Ein Service des FinanzBuch Verlags:

kurs+
www.kursplus.de

Trading-
Experten live
erleben –
Fragen stellen

Es erwarten Sie:

- Strategien aus der Praxis für die Praxis
- intensiver Austausch mit den Experten
- umfrangreiche Seminarunterlagen
- direkt umsetzbares Börsenwissen
- und vieles mehr...

Abonnieren Sie unseren **Newsletter** und erfahren Sie alles über unsere meist **kostenfreien** Seminare!

Mehr Informationen unter
www.kursplus.de

Wenn Sie **Interesse** an **unseren Büchern** haben,

z. B. als Geschenk für Ihre Kundenbindungsprojekte,

fordern Sie unsere attraktiven Sonderkonditionen an.

Weitere Informationen erhalten Sie bei unserem

Vertriebsteam unter +49 89 651285-154

oder schreiben Sie uns per E-Mail an:

vertrieb@finanzbuchverlag.de

FBV

FinanzBuch Verlag